特色课程建设丛书
丛书主编　杨四耕

刘玉华 等◎著

课程是鲜活的

"大视野课程"的旨趣与活性

华东师范大学出版社
·上海·

图书在版编目(CIP)数据

课程是鲜活的:"大视野课程"的旨趣与活性/刘玉华等著. —上海:华东师范大学出版社,2022
(特色课程建设丛书)
ISBN 978-7-5760-2599-6

Ⅰ.①课… Ⅱ.①刘… Ⅲ.①初中-课程改革-研究-上海 Ⅳ.①G632.3

中国版本图书馆 CIP 数据核字(2022)第 036547 号

特色课程建设丛书
课程是鲜活的:"大视野课程"的旨趣与活性

丛书主编　杨四耕
著　　者　刘玉华 等
责任编辑　刘　佳
项目编辑　林青荻
特约审读　王莲华
责任校对　董　亮　时东明
装帧设计　卢晓红

出版发行　华东师范大学出版社
社　　址　上海市中山北路3663号　邮编200062
网　　址　www.ecnupress.com.cn
电　　话　021-60821666　行政传真 021-62572105
客服电话　021-62865537　门市(邮购)电话 021-62869887
地　　址　上海市中山北路3663号华东师范大学校内先锋路口
网　　店　http://hdsdcbs.tmall.com

印 刷 者　上海锦佳印刷有限公司
开　　本　787×1092　16开
印　　张　12.75
字　　数　119千字
版　　次　2022年7月第1版
印　　次　2022年7月第1次
书　　号　ISBN 978-7-5760-2599-6
定　　价　42.00元

出 版 人　王　焰

(如发现本版图书有印订质量问题,请寄回本社客服中心调换或电话021-62865537联系)

编委会

主 编
刘玉华

成 员
冯 镭　朱凤梅　张秋婉　瞿菊玲　周晓凌
柒 静　周 妍　宋丽丽　朱幸华　汤水芹

丛书总序　走向课程自觉

这是一个焦虑的时代,每一个人都忙忙碌碌;这是一个无坐标的时代,很多人都不知身处何方;这是一个看不见路的时代,大家都不知该如何去面对新的情境;这是一个感觉模糊的时代,对很多事我们缺乏了应有的自觉和反思。

面对这样一个时代,我们需要有起码的文化自觉。在费孝通先生看来,文化自觉是生活在一定文化历史圈子里的人对其文化有"自知之明",并对其发展历程和未来有充分的认识。换言之,文化自觉就是文化的自我觉醒、自我反省和自我创建。

要提升学校课程品质,实现立德树人根本任务,文化自觉是不可或缺的。在我看来,课程领域的文化自觉就是课程自觉,它是人们基于对课程的理性认识,为着课程品质的提升而有清晰的目标意识和科学的路径观念,自觉参与课程变革实践的理性之思与理性之行。

课程自觉是一种有密度的自觉,它不是一个简单概念,而是一种思想、一种行动、一种文化,包含课程自知、课程自在、课程自为、课程自省以及课程自立等基本构成。推进特色课程建设,我们需要怎样的课程自觉呢?

1. 清晰的课程自知。课程自知是人们对特定课程情境的自觉理解,对课程理念和愿景的清晰判断,对课程内容和框架的基本认识,对课程实施路径和方位的整体把握。认识课程,认识自我,这不是一件容易的事。对一位校长来说,课程自知意味着对学校课程规划的整体理解,自觉研判学校文化与课程建构的关系、育人目标与课程架构的关系、资源调配与课程实施的关系;对一位教师来说,课程自知意味着对学科课程群建设的自觉思考,自觉跳出"课程即科目""课程即教学内容"等狭隘的课程观,建立与立德树人要求相适应的崭新课程观。

2. 透彻的课程自在。萨特说:存在先于本质。他曾将存在分为自在的存在和自为的存在,自在的存在是物体同其本身等同的存在,自为的存在是同意识一起扩展的存在。课程自觉需要深刻理解课程自在的文化,需要完整把握课程自在的处境,需要清晰认识课程变革的制度环境和现实可能,进而意识到哪些是可为的,哪些是不可为的;哪些是必须做的,哪些是可选择的;哪些是自己即可为的,哪些是需要制度支持的。

3. 积极的课程自为。按照萨特的观点,自为的存在是自我规定自己存在的。意识是自为的内在结构,自为的存在就是意识面对自我的在场。对课程变革而言,课程主体按照课程发展规律,通过自身的自觉行为和实践实现课程品质的提升,就是课程自为。课程自为意味着我们对课程自在的不满足,意味着我们开动脑筋思考课程变革的空间,意味着我们通过直面本己的课程实践培育新的课程文化,意味着我们在积极的卷入中推进课程深度变革。

4. 深刻的课程自省。课程自省即课程反思。杜威(1933)曾将反思解释为"思,我所思(thinking about thinking)",他鼓励专业人士审思每一个专业判断之下的潜在逻辑。课程变革是一种反思性实践,需要对实践进行反思,再将反思带到新的实践中去。反思性实践是一种主动且持续地审视理论、信念和假设的过程,它可以帮助我们在课程实践中更好地理解自我与他人,选择合适的方式应对可能的情境。课程反思是凌驾于思维之上的更高层次的反思。当你站在既定的框架里去检查这些规则的时候,是无法发现这些规则的问题的;如果你可以跳脱出来,不带评判和预设地去分析这些规则,其中的不妥之处就会被你看到。课程反思是一种能力,当你掌握了这项能力的时候,你就像"觉醒"了一样,一样的世界,你却会有不一样的"看法"。这就是哈贝马斯所谓的"沟通理性"概念,提升课程品质特别需要这样一种理性:反省、批判和论证。

5. 持守的课程自立。《礼记·儒行》:"力行以待取。"每一个人只有在自己的行动中,才能发现自己,才能向世界宣布他具有怎样的价值。课程自立是一个人认识到课程变革是自己的事,要有自己的立场、自己的创见,自持自守,不为外力所动,不随波逐流,进而"回到粗糙的地面"(维特根斯坦语),自觉参与到课程变革中来。课程自立本质上是在课程自知、课程自在、课程自为以及课程自省的作用之下,依靠自己的自觉和力量对课程实践有所贡献,并在此过程中逐渐提升自己的课程能力和专业成熟度,确证自己的"课程人"地位,成为"自己的国王"。

当我们有了清晰的课程自知、透彻的课程自在、积极的课程自为、深刻的课程自省以及持守的课程自立的时候,我们便作为"有创见的主体"主动地介入到课程设计、实施、评价与管理的全过程之中了,学校课程深度变革便自然而然地发生了。

费孝通先生说:"文化自觉是一个艰巨的过程。"让课程意识从"睡眠状态""迷失状态"到"自觉状态",也是一个艰难而痛苦的过程。可喜的是,本套丛书的作者秉持课程自觉之精神,聚焦特色课程建设,在课程自知、课程自在、课程自为、课程自省和课程自立方面掘进,迎来了课程变革的新境界!

杨四耕

2020 年 7 月 3 日于上海市教育科学研究院

目 录

前言　丰富学科学习经历　/1

第一章　涵韵语文：让语文学习韵味馨香　/1

　　语文学科的工具性与人文性决定了语文学习应韵味馨香，语文之内在涵韵必先闻其甘香，丰富精神世界，展现生命气质。每一个孩子都是鲜活、独特的生命个体，他们在语文学习中不断地认识自己、发现自己、丰富自己、唤醒自己、确证自己，最终形成自己的生命形式和精神气质。

第一节　语文必先涵韵甘香　/2
第二节　此处后品而意味无穷　/4
第三节　再忆则动情入心　/9
第四节　让精神世界馨香醇正　/11

第二章　智慧数学：让理性与美感浸润生命　/25

　　数学是一门严谨而灵动的学科，数学学习是理性与美感浸润生命的过程。理性是数学的内核，美感是数学的外衣。让孩子们在主动参与中感悟"数和形"的美感,在理性思考中把握"具体和抽象"的智慧,在积极探索中追求"传承和突破"的内蕴,进而拥有用数学的眼光观察世界、用数学的思维思考世界、用数学的语言表达世界的能力,是"智慧数学"的使命。

第一节　数学是理性与美感兼具的语言　/26
第二节　让孩子们透彻地把握世界　/28
第三节　走进严谨而灵动的数学天地　/34
第四节　浸润于理性与美感之中　/38

第三章　立体英语:打开瞭望世界的窗口　/ 49

英语为人们打开一扇认识世界的窗户。掌握了英语,就能够站在世界的角度去看整个世界,同时也能够从世界的角度理解自我。英语课程应该立足于为孩子们提供开放的学习内容,让学生在多维空间感受英语魅力;在丰富的课程中,汲取世界文化精华,为适应生活奠定基础。

第一节　英语是立体的而不是平面的　/50
第二节　英语,为着丰富而饱满的人　/52
第三节　透过英语之窗看世界缤纷　/63
第四节　让世界成为英语学习的课堂　/66

第四章　慧趣物理：感受物理的智趣和魅力　/ 81

　　物理课程是以观察和实验为基础，以物理现象和规律、物理过程和方法为载体，以科学探究为主线，以提高学生的科学素养为目标的课程。物理学科的基础性和科学性决定了物理学习应崇尚自然，重视探索。学习物理不仅能够领略大千世界的神奇和智慧，还能获得科学探究的基本技能，理解物理与生活的紧密联系，感受物理的智趣和魅力。

第一节　感受物理的神奇与智慧　/82
第二节　给予每一个孩子探索的力量　/85
第三节　畅游立体的物理世界　/88
第四节　体验快乐而奇妙的物理魅力　/94

第五章　魔趣化学：感受化学的神奇和魅力　/ 103

　　化学是一门具有神奇魅力的学科，生活中处处有化学。从材料、衣服面料、酿酒、火药等武器研发、药物研发、人造关节研发、新能源开发、环境处理等很多方面都有化学的参与和贡献。用美国化学家西博格的话来说："化学——人类进步的关键。"从生活中的化学现象出发，打开学习化学之门，让孩子们在生活中感受化学的神奇魅力，是化学学科的使命。

第一节　寓教于生活的化学　/104
第二节　打开化学之门的钥匙　/109

第三节　感受化学的神奇魅力　/114

第四节　深刻理解化学的价值　/119

第六章　美丽课堂：让心灵纯粹而高尚　/ 129

　　让每一个人心灵纯粹而高尚是道德与法治学科的使命。唤醒心灵中的美丽，塑造美丽的心灵，倾听内心深处的声音，探索心灵的美丽之路，是道德与法治学科课程的旨趣。道德与法治学科强调道德、心理健康、法律及国情等内容的有机整合，它致力于实现道德与法治的内在融合，在培养学生道德素养的同时，努力增强学生的法律意识，助推学生的健康成长。

第一节　唤起心灵中的美丽　/130

第二节　塑造心灵中的美丽　/131

第三节　倾听内心深处的声音　/134

第四节　探索心灵美丽之路　/138

第七章　明亮历史：历史具有照亮的性质　/ 153

　　梁启超说："史者何？人类社会赓续活动之体相，校其总成绩，求得因果关系，以为现代一般人活动之鉴者也。"历史，让我们得以进入人类千万年生活的纵深，知道自己从哪儿来、往哪儿去。历史具有照亮的性质，"明亮"是历史学科的应然定位，它引领学生透过书本解读历史；透过遗迹触碰历史；透过鲜活的人和事与历史相互交融，与历史同感共情，让学习者深悟历史之中有大势，历史之中有大道，

历史之中有智慧,历史之中有未来!

第一节　透过历史了解真谛　/154
第二节　明鉴是历史学习的旨趣　/156
第三节　品味历史的丰富内涵　/162
第四节　多维度感受历史的魅力　/166

后记　/177

前言　丰富学科学习经历

上海市南汇第二中学创建于1983年,2008年8月搬迁新校址至惠南镇拱亮路2300号;2018年9月,学校在惠南镇拱为路690号设立东校区。学校经历由完全中学到初级中学的沿革,迄今走过37年的发展历程。学校总部占地面积39 031平方米,建筑面积18 887平方米,东校区占地面积25 000平方米左右,建筑面积15 000平方米左右,两校区设施俱全,环境整洁优美,透着浓郁的人文气息。目前,学校共有46个教学班,1 947名学生,现有教师136人,其中,上海市特级教师、特级校长1人,市名师后备教师1人,区学科带头人和骨干教师23人,区兼职教研员1人,区学科中心组11人,区青年新秀2人。学校先后获得全国手拉手助残先进集体、全国学校体育工作示范校、全国青少年足球进校园示范校、国家级乡村学校少年宫示范点、上海市文明单位、上海市教师专业发展学校、上海市艺术教育特色学校、上海市学校体育工作先进学校、上海市依法治校示范校、上海市体教结合先进学校、上海市节水型示范校、上海市安全文明校园、上海市花园单位、上海市校园足球布点学校、上海市信息化先进学校、上海市慈善义工先进集体、上海市校园文化环境建设示范校等荣誉称号。

学校继承我国优秀传统文化精神,表达修身治学的宽厚之德,传承学校历史发展,立足学校在惠南学区中的角色地位,彰显凝聚共享开拓之道,与课程改革深化阶段的主要任务相结合,提出了校训——"宽";结合校训,学校提出了"择高而立,向宽而行"的办学理念。学校以"宽教育"为教育哲学,聚焦学生核心素养,围绕学校的培养目标,坚持以人为本,立足于学生的生命价值,服务于学生身心的全面健康发展,通过凝聚教育合力,将国家、地方和校本三级课程全面整合,形成基础性、多样性、层次性、综合性的"宽课程"体系,构建独具学校特色的大视野课程,推动学生基础性学力、发展性学力、创造性学力的发展,最大程度地满足学生全面而又有个性的发展需求。

"大视野课程"是为实现学校培养目标、回应中考改革、改变学习方式的自觉举措。

我们从"加强基础、促进发展、激励创新、重视实践"的要求出发,构建学校"大视野课程",推进学校特色发展。

首先,"大视野课程"体系构建基于学生核心素养提升的需要。提升学生核心素养的探索是当前教育改革的热点,学校的培养目标是培养学生的公民意识、领导素质、创新精神、国际视野,即培育"让美德成为品质,让阅读成为能力,让动手成为习惯"三大特质,这也是学生核心素养的具体体现。实现这一目标的最佳途径就是学校课程,大视野课程体系为学生提供价值含量高的"跨学科""通课程""融德育"的课程,丰富学生的学习经历、体验和经验,尊重学生的独特性和差异性,让学生在课程中成长、在课程中创新,促进学生全面、和谐、可持续地发展。

其次,"大视野课程"体系构建基于上海市中考改革的需要。随着上海市中考改革方案的出台,最直观的变化就是中考要考15门,计入总成绩的科目也从5门增加到8门:语文、数学、外语、物理、化学、道德与法治、历史、体育。另外,还有7门等第制评价的科目:地理、信息科技、生命科学、科学和社会5门科目考试由市统一命题,统一制定评分标准,由各区在统一时间组织开卷考试。艺术和劳动技术2门科目考试由学校根据课程标准要求和学生平时表现,综合评定其考试成绩。这种"全学、全考、全用"的导向是为了引导学生在初中阶段打好基础,认真学习每一门课程,避免过度偏科。大视野课程体系力求在"跨学科""通课程""融德育"中顺应中考改革的需要。

最后,"大视野课程"体系建设基于特色学校发展的需要。当前教育改革的环境下,课程建设成为重中之重,学校在"宽教育"教育哲学的引领下,形成了以"宽"为核心的学校文化。虽然开设了一系列体现特色的校本课程,但由于缺少对国家、地方课程和校本课程设置的整体规划,尚未形成完整的课程体系,也缺乏课程领导力,导致许多以特色教育活动为主体的校本课程不能得以固化,存在随意性较大、教育效率不高、特色不鲜明等问题。破解特色创建"深水区"的难题,打造育人品牌学校,确定课程改革的发展方向,让学校特色发展更有生命力,势在必行。

全面探究和整体规划学校"大视野课程",精细实施"大视野课程",探索课程开发与实施的有效方法,多维度满足学生学习需求和促进教师专业发展的需要。

一是宽广，聚焦跨学科。在学生学习过程中，如果学科过于割裂，学生则通常难以理解各个学科之间是如何联系的。教育部《关于全面深化课程改革落实立德树人根本任务的意见》中，在"着力推进关键领域和主要环节改革"章节中明确指出：要在发挥各学科独特育人功能的基础上，充分发挥学科间综合育人功能，开展跨学科主题教育教学活动，将相关学科的教育内容有机整合，提高学生综合分析问题、解决问题能力。可以说，在当前一轮的课改实践中，伴随着美国STEM教育理念的舶来，跨学科一词的火爆程度仅次于核心素养。

二是宽容，聚焦通课程。基础型、拓展型、探究型三类课程，不应该是孤立的课程体系，需要从育人的宏观视野出发，从具体的课程微观入手，对各种类型课程进行有机整合，产生整合性、综合性效应的教育教学活动，将这种三类课程的贯通称为"通课程"。初中是打基础阶段，基础型课程在三类课程中应占主导，使学生对于不同学科领域的学习技能达到一个共同要求的底线，同时，又能根据自己的兴趣爱好和个性特长，选择不同领域拓展，达成个性发展目标。

三是宽厚，聚焦融德育。德育课程化是一项浩大的工程。广义是指学校教育的所有构成，主要是学科教育中的德育渗透和德行教育要求按课程组织实施实现。以课程的形式整合、设计学校原有全部德育工作或活动，学校德育过程逐步实现课程的全覆盖，建立有序列、有层次的学校德育系统。学校德行教育、人格教育逐步实现德育课程全覆盖，让这些德育课程发挥课程优势，克服原有德育方式的弊端而产生新效应，逐步提高德育课程全覆盖的推进进程、速度和科学性水平。

学校在课题研究过程中推进学科课程群建设，从方案的设计到实施与管理，取得了可喜的成效，主要做法如下：

第一，提炼学科课程哲学。每个学科教研组组织大家学习课程标准，从课程标准的学习过程中领会学科的性质，把握学科特征，形成这个学科课程哲学的核心理念，进而设计关键词，围绕这些反复研读、阐释和丰富，从而最后确定。例如：语文学科的工具性与人文性决定了语文学习应韵味馨香，语文之内在涵韵必先闻其甘香，丰富精神世界，展现生命气质。每一个孩子都是鲜活、独特的生命个体，他们在语文学习中不断地认识自己、发现自己、丰富自己、唤醒自己、确证自己,最终形成自己的生命形式和精神气质。因此,课程理念提炼为——涵韵语文:让语文学习韵味馨香。

第二,要培养学生的学科核心素养,聚焦学科育人目标、聚焦学科课程目标是学科课程群建设的首要原则。我们厘定学科课程目标,从学科课程总体目标开始,我们的老师反复学习课程标准,精准把握学科课程总体目标。例如:数学的总体目标"知识与技能""过程与方法""情感态度与价值观"三个维度的目标,是一个有机整体;它们分别又有不同的层次,反映学生发展的进程。这三方面目标的达成是相互联系和相互促进的,它们在丰富、多样的数学教学活动中整体实现。在此基础上,我们的老师根据各年级教材内容,又设计了学科课程年段目标"智慧数学"课程,这是以现有教学的六至九年级的教科书为蓝本,结合学校的教学理念和学生的兴趣特点,拓展与丰富出来的课程。

第三,设计学科课程框架。要实现学科课程目标,必须有相应的内容作为支撑。内容横向上一定是结构化的,纵向上一定是有时间布局的,那么我们在横向上学习课程标准,从这个学科课程的逻辑板块开始,结合本学科课程理念,建构学科课程结构。

第四,我们每个学科从学习方式变革入手,结合到每个学期的课程之中,多维度地展开学科课程的实施。基于一定的学习需求,通过对同学科或跨学科的相关课程设计和整合,以课程间的知识、方法、问题等逻辑联系为结合点,使它们相互照应、渗透互补,体现课程群内一门课程对另一门课程的意义,形成相对独立的课程体系。聚焦目标,立足"大视野课程"布局,整合主题相同、内容相近的相关课程,突出内在逻辑,由追求单门课程内容的严密与完整转变为课程群内部的衔接与完善,使课程之间由相互隔离转变为相互贯通,由相互重叠转变为相互补充。分层课程由学生自主选择,实施"协商式走班教学"、分类课程和活动课程,尝试"长课程"与"短课程"组合,"长课时"与"短课时"组合,以研究性学习、主题活动、自选项目等形式开展,使学生在多元的课程中不断开阔视野和体验。尊重学生差异,实施因材施教,使不同层次的学生在最近发展区得到相应的发展,课程资源整合优化,为学生提供可选择的课程菜单。学校成立了"涵韵美文""倾听世界""智慧数感""慧趣电磁""美丽道法""明亮史事"等20余个学生社团,促进学生个性化发展。

第五,课程评价的创新发展。我校进一步完善发展性评价体系,坚持全面综合,力求做到评价方式多样,评价主体多元;立足过程评价,定性定量结合;关注个体差异,促进学生健康成长、教师专业发展、课程科学完善。学科基础性课程采用成绩评定的方式,学科拓展性课程和活动性课程采用学分制、等级制管理。

我们认为,最好的课程是教师和学生一起在实践中逐步摸索出来的,真正的课程一定是鲜活的,课程研发过程是师生共同创造的成长历程。"大视野课程"只是开始,我们正行走在学校课程深度变革的路上。

第一章

涵韵语文：让语文学习韵味馨香

语文学科的工具性与人文性决定了语文学习应韵味馨香，语文之内在涵韵必先闻其甘香，丰富精神世界，展现生命气质。每一个孩子都是鲜活、独特的生命个体，他们在语文学习中不断地认识自己、发现自己、丰富自己、唤醒自己、确证自己，最终形成自己的生命形式和精神气质。

上海市南汇第二中学语文组现有教师30人,其中区骨干教师5人,高级教师5人。这是一个群英荟萃的优秀集体,其中不乏经验丰富的前辈,亦有作为中流砥柱的中坚力量和充满智慧活力的年轻教师。这也是一个团结协作、敢于创新的精英团队,更是高效务实的品牌战队,在各项教育教学竞争中总能名列前茅,获得"区优秀教研组"的称号。为进一步推进我校语文学科课程建设,我们依据《义务教育语文课程标准(2011年版)》,以国家课程为基础,建设别具特色的"涵韵语文"课程群。

第一节 语文必先涵韵甘香

一、学科性质

《义务教育语文课程标准(2011年版)》指出:"语文课程是一门学习语言文字运用的综合性、实践性课程。义务教育阶段的语文课程,应使学生初步学会运用祖国语言文字进行交流沟通,吸收古今中外优秀文化,提高思想文化修养,促进自身精神成长。工具性与人文性的统一是语文课程的基本特点。"[1]语文学科的工具性与人文性决定了语文学习应韵味馨香。

基于这种认识,我们认为语文课程的核心价值是教会学生运用祖国语言文字和培养学生综合运用语言文字的能力。因此,我们以提高学生的核心素养作为课程开发的哲学依据,将核心素养不仅渗透在语文课堂教学中,包括审美鉴赏与创造方面、文化传承方面;还渗透在学生日常的学习习惯中,提升掌握知识的能力,帮助他们领悟学习的规律,丰富其精神世界,提高其品德修养,最终帮助学生全面培养核心素养,成为全面发展的人。

---

[1] 中华人民共和国教育部. 义务教育语文课程标准(2011年版)[S]. 北京:北京师范大学出版社,2011:2.

二、学科课程理念

依据《义务教育语文课程标准(2011年版)》文件精神,结合我校语文学科的实际情况,我校将语文学科的核心概念定义为"涵韵语文"。语文之涵韵必先闻其甘香。"涵"的本意是包容、包含,现可延伸为涵养、蕴涵等意思。"韵"的本意指和谐的声音,也指风度、气质、情趣。涵韵,描绘某个人或者某个事物其中蕴含的内涵,有深度,有韵味。据此,我们语文学科组提出了"涵韵语文"的学科课程理念,这一理念有丰富的内涵。

"涵韵语文"是体现工具性的语文。工具性是语文课程的根本属性,是设立语文学科的理由,具有区别于其他学科的独特性。学生通过语言作为工具,从字、词、句等基本的语言单位入手,在不断的积累中从能听,到会读、会说,再到能写,以此表达自己的思想感情,或与他人进行交流。文学作品的语言丰富生动,古今中外,文质兼美的华章在形式上可琢可磨,内容上更是值得玩味,历久弥醇,几千年的文化得以记载和传承,学生就能形成语言的积累,做到厚积薄发。此外,学生学习语文,还能走出课堂,走进生活,有意识地将语文与其他学科联系在一起,用语文知识来解决其他学科的问题。由此可见,"涵韵语文"的工具性体现在其是表情达意、思维交际的工具。

"涵韵语文"是体现人文性的语文。人文性包含人性和文化性,是语文课程的重要属性,包括文化、道德、情感等精神生活。语言是最重要的文化载体,包含着人类文化。在语文教学的过程中,引导学生去体验、发现、感悟语言文字之韵、作者情感之韵、文章意境之韵、文学作品之韵、背后文化之韵。在此动态过程中,着眼于培养学生语文素养的形成,引领学生学会感受、体会情感、获得见解,使之转化为智慧,最终积淀成文化,形成自己丰富的精神世界。学生在潜移默化中,提高思想认识,陶冶道德情操,发展健康个性,继承和弘扬中华民族的文化。因此,"涵韵语文"作为学习母语的课程,必然具有人文性。

"涵韵语文"是体现工具性和人文性统一的语文。工具性蕴含着人文性,人文性促进着工具性。工具性不能脱离人文性,否则往往会使语言抽象枯燥;人文性也不能脱离工具性，否则往往只注重追求意趣、感悟境界，而忽略了语文工具的掌握和运用。语文课程通过语文知识与语文能力的教学，在感悟、熏陶的过程中潜移默化地发挥作用、产生影响。因此，"涵韵语文"的工具性和人文性是共存的、相辅相成的。

"涵韵语文"是体现生命成长的语文。我们每一个学生都是鲜活、独特的生命个体，在语文学习中他们不断地认识自己，发现自己，从而提高自己，丰富了学识，挖掘了潜能，激发了创造意识，在这一过程中精神得到丰盈，意识得到唤醒，人生观、价值观得到树立，最终形成自己的生命形式，生命得以成长。

总之，我们注重课程的工具性和人文性的统一，注重学生学习中的生命成长，通过聚焦文本、立足课堂、拓展生活、展开实践等方式，构建高品质的阅读生活、写作生活、实践生活，让学生涵泳语文的韵味，全面提高学生的核心素养。

第二节 此处后品而意味无穷

《义务教育语文课程标准（2011年版）》指出："语文课程致力于培养学生的语言文字运用能力，提升学生的综合素养，为学好其他课程打下基础；为学生形成正确的世界观、人生观、价值观，形成良好个性和健全人格打下基础；为学生的全面发展和终身发展打下基础。语文课程对继承和弘扬中华民族优秀文化传统和革命传统，增强民族文化认同感，增强民族凝聚力和创造力，具有不可替代的优势。"[1]涵韵语文，此处后品而意味无穷。我们从课程标准的要求出发，梳理出符合我校校情的学科课程目标。

一、学科课程总体目标

《义务教育语文课程标准（2011年版）》指出："课程目标从知识与能力、过程与方

---

[1] 中华人民共和国教育部.义务教育语文课程标准（2011年版）[S].北京：北京师范大学出版社，2011：1.

法、情感态度与价值观三个方面设计。三者相互渗透,融为一体。目标的设计着眼于语文素养的整体提高。"[1]

据此,我校将语文课程目标体系分为显性课程目标和隐性课程目标。语文显性课程目标包括识字与写字、阅读、写作、口语交际和综合性学习五部分,语文隐性课程目标则包括审美能力、探究能力和情意要素等。

(一) 显性目标

1. 识字与写字。累计认识常用汉字 3 500 个左右,使用硬笔工整、熟练地书写正楷字,并有一定的速度。在识字和写字过程中培养兴趣,了解汉字演变过程,感受中国丰厚的传统文化,激发民族自豪感,收获文化自信心。

2. 关于阅读。能区分各类文学样式,具有独立阅读的能力,乐于运用多种阅读方法,理清思路,理解、分析主要内容,体味和推敲重要词句在语言环境中的意义和作用。对作品中感人的情境和形象,能说出自己的体验;品味作品中富于表现力的语言。有较为丰富的积累和良好的语感,注重情感体验,初步领悟作品的内涵,从中获得对自然、社会、人生的有益启示,从而能初步鉴赏文学作品,丰富自己的精神世界。

3. 关于写作。多角度观察生活,发现生活的丰富多彩,能抓住事物的特征,有自己的感受和认识,表达力求有创意。写作时根据表达的需要,围绕表达中心,选择恰当的表达方式。合理安排内容的先后和详略,条理清楚地表达自己的意思。运用联想和想象,丰富表达的内容。写作要有真情实感,力求表达自己对自然、社会、人生的感受、体验和思考。

4. 口语交际。耐心专注地倾听,能根据对方的话语、表情、手势等,理解对方的观点和意图。讲述见闻,内容具体、语言生动,完整准确、突出要点。能就适当的话题作即席讲话和有准备的主题演讲,有自己的观点,有一定说服力。讨论问题,能积极发表自己的看法,有中心、有根据、有条理,自信、负责地表达自己的观点,做到清楚、连贯、不偏离话题。

---

[1] 中华人民共和国教育部. 义务教育语文课程标准(2011 年版)[S]. 北京:北京师范大学出版社,2011:6.

5. 综合性学习。能自主组织文学活动，比如办刊、演出、讨论等。能对学习和生活中感兴趣的问题，从书刊或其他媒体中获取有关资料，独立或合作写出简单的研究报告。能在学习中搜集资料，调查访问，相互讨论，用文字、图表、图画、照片等展示学习成果。

(二) 隐性目标

1. 培养自主探究的能力。要注重培养学生自主学习的意识，促使学生在教学活动中自主去探索、去思考，激发想象力和创造潜能，在实践中学习和运用语文。学习情绪高昂，思维活跃，能使学习兴趣和信心倍增，接受能力增强。要注重培养学生的自主学习意识、自主学习能力，以及大胆发言、敢于质疑的能力。

2. 形成独特的审美能力。语文教材作为中国几千年来优秀文化的一种承载，不仅是知识的体现与传播，在文章的字里行间更是处处蕴含着语言美、构思美、意境美等。语文课人文性强，是具有浓郁的美育特色的课，学生在阅读和思考交流的过程中形成自己的审美情趣。

3. 渗透全面的育人目标。在语文学习过程中，要教学生做人，做一个"良好个性和健全人格"的人，培养爱国主义、集体主义、社会主义思想道德和健康的审美情趣，发展个性，培养创新精神和合作精神，逐步形成积极的人生态度和正确的世界观、价值观。

二、学科课程年级目标

在《义务教育语文课程标准（2011年版）》的指导下，依据"涵韵语文"课程总体目标，依据教材和教师用书，结合我校实际，细化到每个年级，制定了年级课程目标。这里，我们以八年级为例说明（详见表1-1）。

表 1-1 八年级语文学科课程目标表

上学期	下学期
第一单元： 1. 理解新闻用事实说话的基本原则，了解常见新闻体裁的基础知识，能够初步形成一定的新闻阅读能力，学会撰写新闻作品。 2. 锻炼捕捉新闻线索、抓住新闻热点的能力；提高策划组织、分工合作、交流沟通的能力，能够做到学以致用。 3. 能够养成关注现实、关心时事、自主思考的习惯；能形成求真求实、冷静客观的思维方式；能够准确、负责任、言必有据地表达。	**第一单元：** 1. 感知课文内容，理解其中民俗的价值和意义，拓宽知识面。 2. 分析课文的写作方法，体会多种表达方式的综合运用，并尽可能做到学以致用。 3. 品味课文中富于表现力的语言，能培养语感，积累语言材料，通过学习，提高自己的语言表达能力。
第二单元： 1. 了解回忆性散文、传记呈现的各式各样的人生经历，能够从文中人物的生平事迹中汲取精神营养，丰富自己的生活体验。 2. 抓住回忆性散文和传记内容真实、事件典型、注重细节等特点，掌握阅读方法，能够在阅读中体会蕴含的情感。 3. 学习课文刻画人物的方法，能够尝试在自己的写作中借鉴运用；品味风格多样的语言，提高分析能力。	**第二单元：** 1. 激发科学探究的兴趣，培养敢于质疑问难、自主思考的品格，能够养成独立思考的习惯。 2. 理清文章的说明顺序，筛选主要信息，能读懂文章阐述的事理。 3. 学习分析、推理，初步了解科学探索的方法，养成对科学浓厚的兴趣，培养探究精神。
第三单元： 1. 从古人歌咏山水的优美篇章中获得美的享受，净化心灵，陶冶情操，激发对祖国山川的热爱，培养高尚的审美情趣，能够增长热爱祖国的热情。 2. 在反复诵读、整体感知的基础上，借助联想和想象，仔细品味诗文，体会作者的情怀，能够和作者的情感产生共鸣。 3. 提高借助注释和工具书自主读古诗文的能力，积累常见文言实词和虚词，能够在积累的基础上进行运用。	**第三单元：** 1. 阅读古代诗文名篇，了解古人的思想、情趣，感受其智慧，体会其笔下的美好境界，能够主动拉近自己与古贤的距离。 2. 借助注释和工具书读通课文，在此基础上反复诵读，把握诗文的丰富内涵，体味语言之美，能够在体味的基础上，品味语言的魅力。 3. 随文理解和积累文言常用词语，适当关注一些规律的语言现象，能够对文言知识有一个基本的框架体系的认识。

续表

上学期	下学期
第四单元： 1. 感知课文内容，能够体会文章表达的情感，理解作者对生活的感悟和思考，丰富自己的精神世界。 2. 了解不同类型散文的特点，着重把握各类散文在写法上的独特之处，能够熟练掌握散文的写作技巧。 3. 反复朗读课文，品味、欣赏各具特色的语言，培养对散文语言的赏析能力，争取能够运用到自己的写作实践中去。	第四单元： 1. 学习演讲词，理解其观点，感受其风格，获取有益的启示，把握演讲词的主要特点，能够有感情地朗读演讲词。 2. 了解写作演讲稿的常用技巧，运用阅读所得，学习撰写演讲稿。 3. 通过多种方式学习演讲的技巧，进行演讲实践，举办演讲比赛，在"演讲—聆听—评议"的综合活动中提高在公开场合的表达能力。
第五单元： 1. 感受说明文求真求实的理性精神，激发对自然与社会的探索兴趣。 2. 把握说明文的文体特征，了解常见的说明方法，学会抓住特征来说明事物，能够用简短的语言说明一个事物。 3. 体会说明文语言的准确、周密，增强思维的条理性与严密性，能够明确记叙文和说明文的语言差异。	第五单元： 1. 了解游记的特点，把握游记的基本要素，熟悉游记的写法与多样的风格，能够对游记有初步的整体认识。 2. 感知文章所写的景物的特点，体会作者寄寓在景物中的情感，理解作者对景、人、事的感悟和思考，能够走近作者的情感世界。 3. 揣摩品味优美的语言，欣赏、积累精妙的语句，领会游记多样化的语言风格。能够在阅读游记时有清晰的阅读思路。
第六单元： 1. 阅读不同体裁的古代诗文名篇，从不同角度感受古人的智慧和胸襟，提升自己的精神品格。 2. 进一步熟悉阅读古诗文的方法，反复诵读品味，提高阅读古诗文的能力，学习品味古诗文的独特魅力。 3. 积累常见文言词语和名言警句，并争取能够应用到自己的日常语言交流和写作中。	第六单元： 1. 反复诵读，培养文言语感。 2. 积累常用文言词语和句式，欣赏课文中的精彩语句，能够在适当的情况下运用这些精彩语句。 3. 学习古人论事说理的技巧，体会他们的人生感悟，从中得到思想启迪和情感陶冶，以提高自己的情感和思想高度。

第三节 再忆则动情入心

为了实现上述课程目标,我校语文学科课程分为基础性课程和拓展性课程。基础性课程主要培养学生终身发展和适应未来社会所需的基础能力;拓展性课程主要满足学生的个性化学习需求,开发和培育学生的潜能和特长,培养学生的自我认知和自我选择能力。涵韵语文,再忆则动情入心。

一、学科课程结构

《义务教育语文课程标准(2011年版)》中学段目标与内容部分从识字与写字、阅读、写作、口语交际、综合性学习等方面提出要求。我校自我建构形成"涵韵真迹""涵韵美文""涵韵妙笔""涵韵妙语""涵韵综合"五大板块(见图1-1)。

1. 涵韵真迹。内容为与生活结合的汉字活动和书写练习。以"涵韵语文,笔精墨妙"为理念,旨在培养学生理解汉字的能力,养成认真书写的习惯,并进一步感受汉字的韵味和背后积淀的文化。

2. 涵韵美文。内容为经典名著阅读活动。以"涵韵语文,阅读指导"为路径,旨在反映阅读教学本质,揭示阅读教学规律,引导学生在品读词句、把握结构以及了解文本写作背景等过程中,引领学生获得感受、体验情感,形成自己丰富的精神世界。

3. 涵韵妙笔。内容为初中阶段各类文体的写作活动。以"涵韵语文,妙笔生花"为期待,旨在运用语言文字进行表达和交流的重要方式,是认识世界、认识自我、创造性表述的过程。通过写作教学,让学生愿写、会写、乐写,体会语言的"涵韵"。

4. 涵韵妙语。内容为朗诵、辩论等活动。以"涵韵语文,声情并茂"为追求,旨在创设真实的情境,通过师生、生生互动交流,实践交际本领,使学生具备能说会道、能言

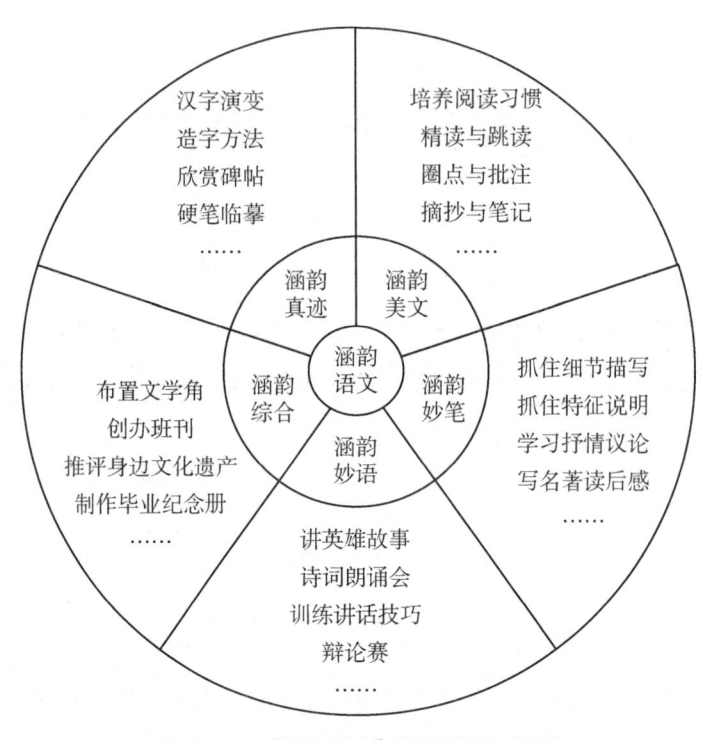

课程是鲜活的:"大视野课程"的旨趣与活性

图 1-1 "涵韵语文"学科课程结构图

善辩的口语交际能力,收获属于自己的言说快乐。

5. 涵韵综合。内容为校园内外的语文实践活动。以"涵韵语文,躬体力行"为目标,旨在通过语文综合实践活动,促进学生养成善于观察、善于体会、善于合作、乐于分享等良好的个性品质,培养学生收集信息、处理信息的能力和发现问题、解决问题的能力,提升学生对自然、社会、自我的整体认识,丰富学生的学习方式。

二、学科课程设置

结合课程标准,紧扣语文学科的特点,我们开发了以年级为纵向,以学科课程为横向的涵韵十足的拓展类课程,来加强课程与生活的联系,促进学生语文素养的全面提高和发展。拓展类学科课程设置如下(见下表1-2)。

表1-2 南汇二中语文学科拓展课程设置表

年级	课程\学期	涵韵真迹	涵韵美文	涵韵妙笔	涵韵妙语	涵韵综合
六年级	上学期	书写正确 自我检视	《童年》培养良好的阅读习惯	多彩活动 场面描写	向新同学 自我介绍	寻找生活中的语文
六年级	下学期	布局合理 行款整齐	《鲁滨逊漂流记》张开想象的翅膀	表达意愿 学倡议书	讲讲英雄 传奇故事	找招牌中的错别字
七年级	上学期	汉字演变 了解历史	《西游记》精读与跳读	千面人物 抓住特点	《十年后的我》故事叙说	布置文学角 创立班刊
七年级	下学期	造字方法 充满智慧	《骆驼祥子》圈点与批注	抓住细节 学习抒情	爱国诗词 朗诵会	孝亲敬老 主题班会
八年级	上学期	间架结构 体会美感	《红星照耀中国》纪实作品的阅读	抓住特征 说明事物	长征故事 读书报告会	推荐和评选身边的文化遗产
八年级	下学期	欣赏碑帖 了解书法	《钢铁是怎样炼成的》摘抄与做笔记	名著品读 读后有感	训练应对和即席讲话技巧	制作资料宣传 倡导低碳生活
九年级	上学期	颜筋柳骨 笔力遒劲	《水浒传》分析章回小说的艺术特点	有理有据 学会议论	水浒人物 大家谈	寻找采访身边自强不息人物
九年级	下学期	硬笔临摹 渐成风格	《儒林外史》讽刺艺术探究	谋篇布局 修改润色	逆境与成长 主题辩论赛	编辑制作 毕业纪念册

第四节 让精神世界馨香醇正

《义务教育语文课程标准(2011年版)》明确指出:"充分发挥师生双方在教学中的主动性和创造性。""教学中努力体现语文课程的实践性和综合性。""重视情感、态度、价值观的正确导向。""重视培养学生的创新精神和实践能力。"[1]"涵韵语文"从课程标准入手,联系学科内外,设计符合学生实际和能激发学生创造潜能的语文教学活动,通过构建"涵韵课堂"、举办"涵韵节日"、实施"涵韵阅读"、开启"涵韵研学"、组织"涵韵社

---

[1] 中华人民共和国教育部. 义务教育语文课程标准(2011年版)[S]. 北京:北京师范大学出版社,2011:19—20.

团"等五方面,推进课程实施,在实践中培养学生的观察感受能力、综合表达能力、人际交往能力、搜集信息能力、组织策划能力、互助合作和团队精神等,以此提高学生的语文核心素养,让精神世界馨香醇正。

一、构建"涵韵课堂",提升课程实施品质

构建"涵韵课堂",是要让学生对语文充满兴趣和热情,树立崇高的审美理念;让学生发散思维,获得深层次的审美体会;让学生由课内走向课外,扩大语文知识面,深化语文的课堂学习。

"涵韵课堂"主要有以下几个特点:首先,师生与生生的和谐对话。课堂教学,是学生和老师的双向活动,师生能否创建一个能实现价值的、宽松和谐的语文课堂环境,决定了课堂教学的成功与否;老师爱的渗透也是教学和谐的必要条件。而生生关系的和谐主要表现为学生间能够互助互学,能够探讨合作。其次,言语内容和言语形式相统一。语文教学是让学生通过言语形式理解言语内容,凭借对言语内容的把握,品味言语形式的妙处,从而提高言语能力,体现语文课的涵韵。再次,坚持从学生的视角出发。让学生积极主动地参与到语文学习的活动中,促进语文知识的内化与吸收,促进语文教学的高效,实现学生语文素养的提升。最后,课内走向课外,扩大语文知识面。"涵韵课堂"提倡课内与课外并举,课内的方法课外运用,课外的知识课内迁移,既注重课内积累又重视课外学习,这样能扩大语文知识面,深化语文课堂的学习。

(一)"涵韵课堂"的实践与操作

1. 涵韵在朗读中发散。朗读是语文教学中最有效的教学方法之一,自由读、默读、分角色朗读、教师范读等多种不同形式的读,让学生在读的过程中享受到语文学习的乐趣,加深理解和体验,受到情感熏陶,获得思想启迪。让语文的涵韵在朗读中发散。

2. 涵韵在品味中释放。在语文课堂的教学中,善于抓住文中的关键词,带领学生

揣摩、品味,体会这些词语的妙处。引领学生品味语言的内涵,运用比较进行语言文字的赏析,学生能体会语言的风格、品味表达的意趣,从而培养学生的语感。通过语言理解、语言品味和语言运用等活动,让学生在提升阅读能力中咀嚼品味芬芳馥郁的语文味道。这是语文教学独特的涵韵和美好的追求。

3. 涵韵在表达中流淌。在初中阶段,口语表达训练是语文教学的一个重要部分。通过课堂中的口语表达训练,增强学生的阅读理解能力,在表达中透过优秀的文学作品,品读生活,启迪心智,促使他们的思维、观察、想象、记忆等能力得以全面发展。

4. 涵韵在创作中升华。教学中把读和写融合在一起,让语文涵韵从学生的笔尖流淌出来。抓住文本空白处有效进行拓展延伸,不但可以进一步增进学生对文本的理解,更使学生在优美的意境中获得写作能力的提升。学生通过趣味盎然的创作积累了丰富的写作素材,学到了各种写作方法,获得了更多的写作体验,这为涵韵课堂注入了鲜活的生机。

(二)"涵韵课堂"的评价标准

"涵韵课堂"的评价关注课堂教学中的目标、内容、方法与过程,注重师生互动与教学艺术以及教学效果等(见下表1-3)。

表1-3 "涵韵课堂"评价标准细化表

标准分级		标准内涵		评价方法	得分
一级标准	二级标准	A 等	C 等		
教学目标 (10%)	目标设计 (5分)	能体现知识和能力、过程和方法、情感态度和价值观三个维度,体现工具性和人文性的统一,从大纲教材课本标准出发。(4—5分)	能够体现知识、过程和方法、体现工具性和人文性的统一。(1—2分)	通过考察教案,观看教学进程等。	
	目标内容 (5分)	内容具体、表述清晰、便于操作。(4—5分)	内容有目的性,能够突出目标。(1—2分)		

续表

标准分级		标准内涵		评价方法	得分
一级标准	二级标准	A等	C等		
教学内容（15%）	内容结构（5分）	具有科学性和思想性，突出语文课程丰富的人文内涵对人们精神领域的影响，重视语文的熏陶感染作用。（4—5分）	能够体现课文的重点，突出语文课程对学生情操的陶冶作用。（1—2分）	可以通过随堂听课，对学生的听课情况进行调查，还可以翻看教师的教案，以问卷调查等形式进行评定。	
	内容分量（5分）	教学内容分量适当。能够让学生感到丰富，课堂教学轻松。（4—5分）	课文分量按照自己的意志进行设定，不能反映学生的要求。（1—2分）		
	内容特点（5分）	突出重点，显现课文的特色。涉及与课文相关的材料既能插入其教学中，又能突出学生思维力的发展，重视发展学生的智力，尤其重视培养学生的创造性思维能力。（4—5分）	基本达到课文的要求。表述出课文的大意，能把握住课文。勉强符合学生的要求。（1—2分）		
教学方法和手段（20%）	直观教学（10分）	引导学生掌握学习方法，培养学习技能和良好的学习习惯。（8—10分）	使学生听懂需要他们明白的内容，跟随老师一起学习。（4—5分）	通过听课和了解学生听课感受，问卷调查等形式。	
	多媒体教学（10分）	多媒体教学手段运用恰当，充分发现发挥多媒体辅助教学的优势。注意反馈并及时调整。（8—10分）	能够引起学生的兴趣，但不能很好地把握多媒体的优越性，凸显不出多媒体的特色。（4—5分）		
教学结构（10%）	理论课教学（5分）	阅读课、写作课、语文知识教学课，突出重点，引起学生兴趣，学生清楚并乐意接受。（4—5分）	阅读课、写作课、语文知识教学课的教学能够在规定的时限内完成。但是学生感到并不满意。（1—2分）	通过对教案进行连续跟踪调查，学生问卷调查，随堂听课等形式。	

续表

标准分级		标准内涵		评价方法	得分
一级标准	二级标准	A等	C等		
	实践课教学(5分)	能与学生合为一体,成为一个有机的整体,使学生在教学中获得乐趣和知识。(4—5分)	能够组织活动教学,使教学可顺利完成,但是效果不是很好。(1—2分)		
师生活动(15%)	教学活动(8分)	充分发挥教师教学过程中的主体作用和学生学习、发展过程中的主体作用。(7—8分)	能够引导学生进行教学,但不能使学生的主体地位得到充分体现。(2—4分)	通过对学生的听课情况进行调查、参与听课等形式评定。	
	协助教学活动(7分)	教学民主,课堂气氛活跃、和谐。(6—7分)	教学活动正常进行,气氛比较肃静、沉静。(2—3分)		
教学艺术(10%)	课文导入(5分)	合情合理、简洁明快、因问制宜、灵活多变、新颖别致。达到收心、引趣、激情、启思的功能。(4—5分)	按照特定的程序对课文的内容进行导入,但是不能达到各种技巧教学的要求。(1—2分)	主要通过随堂听课和学生反映等形式进行调查。	
	课文结束(5分)	达到及时整理、系统归纳,及时提示、突出重点、及时回顾、强化记忆、及时训练,促进迁移、及时检查,加强反馈的效果。(4—5分)	达到及时整理、及时回顾、及时训练,促进迁移、及时检测的要求,不能在更高的要求下对教学进行收束。(1—2分)		
教学效果(20%)	教学目标达到情况(10分)	设计的教学目标达到理想的效果,且把学生的语文素质提升到一个新的高度。(8—10分)	基本完成教学目标所要求的任务,但效果不是很佳。(3—5分)	主要通过随堂听课和学生反映情况等形式进行调查,并进行综合评定得出结论。	
	学生感受(10分)	学生感受到学习是一种快乐,在学习中成长是他们必须经历的,而且是应该经历的。有向更高层次深造的愿望。(8—10分)	学生能够意识到知识的重要性,但不能理解他们所进行的学习的漫长性,即能达到教师的要求即可,没有更高层次的要求。(3—5分)		

二、举办"涵韵节日",营造语文学习氛围

"涵韵节日"是围绕多个主题开展的语文节,这是一种新的学习方式,组织丰富多彩的语文活动,给学生搭建各种平台,参加各种活动,在体验中成长。

一般一学期有两次主题活动,结合时节和背景,由师生共同参与制定相关方案,每次主题活动会设置各类比赛,号召全员参与,激发学生的学习热情,让校园变得有"涵韵"起来。

(一)"涵韵节日"的实践与操作

每学期分别设计两次活动,分别在三月、五月、十月、十二月开展,每一期活动都会结合当月的时事或者各类节日来确定主题,这样更有时代性、针对性、实效性和教育性。内容也更贴近社会现实,贴近学生实际,能让学生更有认识和感悟,教育效果更强。而活动设计面向全体学生,注重培养他们的实践能力。每次主题下都会设计形式新颖多样的活动比赛,让学生更加充分地展示自我,且形式活泼有趣,更能吸引学生积极参与(见下表1-4)。

表1-4 "涵韵节日"详情表

涵韵节日	时间安排	活动形式	活动内容和目的
涵韵美文节	3月中旬	读书角设计评比 读书小报评比 读书书签评比	借助"悦读节",进行班级读书角设计,完善班级借阅制度,以此营造班中读书氛围;结合教材中的推荐书目,进行阅读后的读书小报设计;选取书中名言警句进行书签制作。这样能营造校园浓浓的书香,体味语文学习的涵韵。
涵韵真迹节	5月下旬	书法、硬笔评比 汉字英雄	结合每年5月的书写等级考试,营造练习书写的氛围,互相学习和切磋,提高书写的水平和速度。另外通过汉字填空、改错、听写等形式,提高对于汉字书写的掌握水平。

续表

涵韵节日	时间安排	活动形式	活动内容和目的
妙笔生花节	10月中旬	作文竞赛 展示交流	积累了暑假和长假的生活体验，举行作文竞赛，既能让学生有话可说，记录各类见闻感受，又能表达出自己的真实感受。
妙语连珠节	12月上旬	诗词朗诵会 我爱记诗词	组织学生诵读中国古典诗词，鼓励用其他各种艺术形式表现，有配乐有服装，可以个人或小组形式进行参赛；另外设计诗词背诵，进行年级比赛，有抢答必答等环节。这样既获得古诗文经典的熏陶修养，又促进了学生文化底蕴的积淀。

(二)"涵韵节日"的评价标准

"涵韵节日"的活动评价标准由活动前的方案和形式，活动时的过程和活动后的效果四大方面组成（见下表1-5）。

表1-5 "涵韵节日"的评价标准细目表

评价项目	评 价 标 准	权重	得分
活动方案	1.围绕主题，观点鲜明，内容充实，基于学生语文素养的提升。2.学生参与面广，有趣味性开放性，满足学生心理需求。3.有详实严密的评分系统。	30分	
活动形式	活动形式多样，能激发学生的兴趣，促进生活体验，提升学习能力。	20分	
活动过程	1.全员参与，学生对节日有浓厚的兴趣和强烈的参与愿望。2.有完整的比赛内容，有新颖的比赛形式，过程连贯紧凑。3.学生亲身参与，自主实践，有真实的活动体验。4.评分标准合理，公平公正。	40分	
活动效果	1.自主思考，解决问题，有真实的活动体验。2.学会与他人协作交往，同伴互助，形成合力。3.知识面拓宽，综合运用知识的能力得到提高。4.探究和创新意识得到增强，针对失利，善于反思。	10分	

三、 实施"涵韵阅读",积淀语文学习厚度

《义务教育语文课程标准(2011年版)》指出:"语文课程丰富的人文内涵对学生精神世界的影响是广泛而深刻的,学生对语文材料的感受和理解又往往是多元的。因此,应该重视语文课程对学生思想情感所起的熏陶感染作用,注意课程内容的价值取向。"[①]如何运用语文的人文内涵对学生进行熏陶感染呢?阅读当然是第一位,要想真正用阅读来影响学生的精神领域,必定需要更有效更有影响力的阅读方式——"涵韵阅读"。

"涵韵阅读"相比传统阅读,更加重视阅读对学生内在精神品质的影响,更加注重阅读对学生的人文关怀,注重引导学生深度阅读,读出文本中最深层的东西,在不断的阅读过程中,在积累文学知识的同时,更能积淀语文学习的厚度。在"涵韵阅读"中,每个学生都不同程度地受到文学的熏陶,将文学作品中蕴含的精髓真正读出来,并将这些精髓内化成自己的一部分。

(一)"涵韵阅读"的实践与操作

1. 利用课文引起阅读期待,因势利导,引导学生"涵韵阅读"。阅读教材中的课文,可以使学生建立起对中华传统文化的理解和认知,培养文化自信心,产生一种民族自豪感,继承和弘扬中华优秀的传统文化。在课内阅读中,只有学生内心建构起文化与文本之间的情感关联性,才是语文学习能力提升的主要表现。在这样的阅读过程中,学生因课文而产生阅读期待,继而转移到相关课外书籍中去,学生的思想得到升华,"涵韵阅读"也由课内自然影射到课外,阅读效果不言而喻。

2. 设立课外多彩阅读课,循序渐进,陶冶学生"涵韵阅读"。学生的语文思维能力发展需要课外阅读的迁移训练,课外阅读中蕴藏着无穷的人文思想,有助于学生应对

---

① 中华人民共和国教育部. 义务教育语文课程标准(2011年版)[S].北京:北京师范大学出版社,2011:2—3.

社会发展的现实,也可以指导他们的社会实践。以课内阅读作为支点,以课外阅读作为补充,将文本思维延伸到生活实际中,学生能够感受到思维的碰撞,体悟到文本中闪光的精神力量,这样的"涵韵阅读"自然而然让学生的思想境界越来越高。

3. 开展多种主题阅读活动,学以致用,深化学生"涵韵阅读"。教师可以以教材单元为参考,分阶段设定主题,如进行课前三分钟演讲;进行好句妙语摘抄;检查学生每周的阅读情况;利用网络设置读书打卡活动等。这些活动设置不但可以促进学生的深入阅读,锻炼学生的口语表达能力,还可以训练学生的写作能力、鉴赏能力,学以致用,把阅读过程中积累的体会感悟,内化为自己的东西,体现学生阅读的个性化,这样的过程正是"涵韵阅读"最终的目的所在。

(二)"涵韵阅读"的评价标准

我们在引导学生开展"涵韵阅读"的过程中,尝试构筑合理的评价体系,通过明确范围、鼓励自评、确定考级等方法构筑"涵韵阅读"评价体系,促使学生更好地开展"涵韵阅读"。

1. 确定范围,明晰指向。如果要合理地构筑"涵韵阅读"的评价体系,则需要先帮助学生确定阅读的范围,让学生找到明确的阅读指向。鼓励学生以课内的文本为基础,给学生提供一些课外阅读的篇目,然后鼓励学生围绕该主题展开自主搜索。在设定阅读范围的时候不仅要考虑到学生的学情,重视学生的阅读兴趣,还要紧密围绕教材要求展开,这样设定范围才会更有效。

2. 鼓励自评,自觉反思。鼓励学生积极展开自评,让学生了解自己"读了什么""如何阅读""读的效果如何",为自己的阅读情况设定等级,并综合各个考评的角度,如"兴趣态度和习惯",包括是否掌握自主搜索课外读物的能力,是否能和同伴一起讨论交流阅读的内容等;又如"阅读过程和方法",包括是否能主动积累作品中的好词好句,是否乐于表达自己读到的内容,是否知道如何做批注,如何借助工具书理解文章中的字词等。在评价等级方面,设定了"优秀"积 5 分,"一般"积 3 分,"不佳"积 1 分的评价体系。学生还可以围绕自己得分不高的地方展开思考,探究如何才能改进;还可以在阅读交流会中晒自评清单,并和其他同学进行交流。

3. 设计考级,体验成功。除了自评以外,教师对学生的考级也是十分重要的。我们根据学生的年龄和认知水平设定了不同的级别,并给学生提出了一些问题,让学生围绕自己阅读的作品展开回答。我们则总结学生的答案,并对学生进行等级评定。在设定题目的时候,我们不仅将必读书目的内容融入题目中,也将选读书目的内容融合到其中。这个途径主要是检测学生掌握背诵优秀诗文的情况。先由教师将对优秀诗文背诵掌握好的学生选出来,给他们颁发初级考官证、中级考官证、高级考官证。然后教师将考试任务安排给学生考官去完成对优秀诗文篇章的考级,并做好记录。这样老师也减少了工作量,学生兴趣也提高了,人人可以去尝试当考官。

四、开启"涵韵研学",拓展语文学习视野

"涵韵研学"是由学校根据区域特色、学生年龄特点和教学内容需要,组织学生通过集体"旅行"的方式"走出"校园,在与平常不同的生活中拓展视野、丰富知识,加深与自然和文化的亲近感,增加对集体生活方式和社会公共道德的体验。

(一)"涵韵研学"的实践与操作

我校的"涵韵研学"可分为"云中漫步"和"实地走访"两个部分。

"云中漫步"即为在线学习,它不受时空限制,是一种快速及时的新型学习方式,让学生充分利用网络,在各大交互平台上多元化学习,感受研学的涵韵。比如通过学校公众号,开设不同类型的栏目,将语文学习中优秀的朗诵、美文、美事发布上去,或者借助其他平台记录学习过程,补充学习资料等,给语文学习提供了更广阔的平台。

"实地走访"即走出课堂,走出学校,走向社会,继承和发展了我国传统游学"读万卷书,行万里路"的教育理念和人文精神,成为素质教育的新内容和新方式。我们学校结合学生社会实践和职业体验,走访社区,走进大自然,参观各类场馆,探访名胜古迹。在研学活动中注重实效性、针对性,如搞一些寻访红色之旅的活动、弘扬中华传统美德

活动、开展中国梦的实践活动、开展践行社会主义核心价值观活动等。能引导学生更加真切地感受中华文化的源远流长、博大精深，从内心激发中小学生对民族文化由衷的崇敬之心、敬畏之情、践行之志，也培养了他们的创新精神和实践能力。

(二)"涵韵研学"的评价标准

"涵韵研学"的评价分为总体评价和学生成果评价。评价过程关注学校方案、教师指导相关材料、学生过程性文本材料和成果展评，通过分数进行评价。而学生成果评价则通过自评和小组评价方式进行等第评价(见表1-6、表1-7)。

表1-6 "涵韵研学"总体评价表

考查内容	研学旅行活动过程性资料：学校方案、教师指导相关材料、学生过程性文本材料和成果展评				
评价项目	评价标准				实际得分
活动方案 (10分)	1. 把研学旅行纳入学校教育教学常规计划，与综合实践活动课程同等考虑，促进研学旅行和学校课程有机融合； 2. 精心设计研学旅行活动课程，做到目的明确、活动生动、学习有效。				
教师备课 (10分)	1. 有研学旅行的教学设计，并有个人特色； 2. 能体现出对研学活动指导的具体材料。				
学生过程性文本材料和成果展评(30分)	学生过程性文本材料和成果可通过以下内容体现：研学旅行计划书、照片(PPT、美篇、电子相册等形式)、心得体会、研学地点介绍等。				
记分办法	等级	成果(15)		过程性文本材料(15)	
^	^	评价指标	得分 / 实际得分	评价指标	得分 / 实际得分
^	A	作品整体美观；数量足，材料数量达到班级学生的90%，规范、美观、完整。	14—15	文本内容整理规范、数量足，文本资料数量达到班级学生的90%，文本装订整洁、美观。	14—15
^	B	文本数量达到班级学生的80%，作品整体规范、美观。	11—13	文本资料数量达到班级学生的90%，文本装订做到整齐。	11—13

续表

记分办法	等级	成果(15) 评价指标	得分	实际得分	过程性文本材料(15) 评价指标	得分	实际得分
	C	文本数量一般,作品整体美观程度差。	8—10		文本数量一般,文本装订一般。	8—10	
总分							

表 1-7 "涵韵研学"学生成果评价表

评价项目		评价标准	评价结果		
			A	B	C
成果呈现	原创	成果是否为原创			
	书写	书写是否规范			
	形式	形式是否新颖			
	主题	主题是否鲜明			
	内容	内容是否丰富			
成果交流	语言	语言表达是否流畅清晰			
	形式	表达形式是否独特			
	见解	能否体现独特见解			
成果评价	自我评价	自我评价成果			
	小组评价	小组评价成果			

五、组织"涵韵社团",丰富语文学习体验

社团是语文教育的一种方式,"涵韵社团"不但是学生个人素质提高和能力拓展的有效载体,而且作为一种课程,正成为校园文化建设的生力军,慢慢形成学校的品牌项目。

(一)"涵韵社团"的实践与操作

"涵韵社团"的组成丰富多彩,分别由"诗词书社""表演小组""广播报道小组""期刊编辑小组""校园小记者团""影视欣赏小组"等组成。

"涵韵社团"有规范的团队建设。每个小组由兴趣爱好相同的十名以上同学以及一名辅导老师组成。并在小组内部民主选举负责同学,报学校批准,每位组员由组长管理,分工明确,各司其职。每个小组都有自己的名称,有自己设计的标志,也有自己制定的规矩和要求,明确每位成员和辅导员的相关职责和活动内容等。

"涵韵社团"会开展形式丰富的各类活动。比如"诗词书社"会有计划地召开以丰富文学常识,提高文学素养,扩大文学见闻为主题的专题讲座,进行朗诵比赛;"表演小组"会编写课本剧剧本,自行排演多幕话剧;"影视欣赏小组"会组织观看一些优秀电影,通过品析片中的人物、故事和特技等,发掘社员们的写作潜能,创作出许多较为优秀的作品;"广播报道组"则会搜集每日校园热点,采编文稿,点评新闻时事,在每周二、四进行校园广播;"期刊编辑小组"命名自己的期刊为"涵韵",号召组织同学进行图片文字投稿,并整理编辑版面,最后打印出稿成册,一般每两周出一份期刊。

(二)"涵韵社团"的评价标准

我校从以下几个方面进行评价:

1. 教师管理考核。对于辅导教师的管理,我们采用了一整套有效的管理机制。首先,我们要求年轻的语文教师必须每人带一个社团小组,并与我们学校的教育教学量化考核和评优评先相结合,活动采用奖惩结合的办法,使教师认真履行辅导教师的职责。其次,我们把教师辅导工作量记入教师的课时量,既不另外增加教师的负担,也有利于活动的管理和开展。

2. 学生参与考核。结合我校"星级评价"制度,对每个学员参加社团活动的情况做一个跟踪记录,根据学员互评、自我评价、成果等内容,每一学年进行一次"社团之星"评选。

3. 社团活动考核。各社团小组要制定学期活动计划,每次活动要填写活动记录,使所有社团小组活动做到有计划、有组织、有考核。每月召开负责人例会,协调了解社团活动课的开展情况。每学期根据社团过程管理、作品展示、活动成果体现等对社团活动课进行一次考评，要注重形成性考评与终结性考评相结合，最后评比出特色社团。每个社团都有一定的评价标准（见表1-8）。

表1-8 涵韵社团评价标准细化表

评估内容	评 估 标 准	评估方式	得分 自评	得分 互评
课程规划（30分）	社团有规范、健全的组织机构，有规定的活动场所，社团老师能指导学生进行社团建设。（15分）	访谈学生 查阅资料		
	社团有明确的章程和管理制度，工作有计划，分工明确，活动重点突出，每次活动后都有总结。（15分）	访谈学生 查阅资料		
课程实施（40分）	社团活动有计划，有组织，定时开展各类活动，注重培养学生的实践和创新能力，活动后总结，资料详实。每学期活动不少于15个课时。（20分）	访谈学生 查阅资料		
	社团每学年至少进行一次校内展示交流。（20分）	查阅资料		
课程评价（30分）	招募团员做到程序规范，时间固定，根据社团现状，适时招收团员。社团建制不少于10人。（10分）	查阅资料		
	采取过程性和阶段性评价相结合的方式，每学年至少对团员进行一次评价。每学期对团员进行表彰激励。（10分）	查阅资料		
	积极参加本社团组织的各项活动，并积极参加各级比赛，取得荣誉表彰。（10分）	查阅资料		

总之，我校的"涵韵语文"坚持让学生感受工具性和人文性统一的、有深度的、有韵味的学科理念，打造有宽度的言语生命课堂，最终培养学生的核心素养，使其成为全面发展的人。虽然课程建设是一个循序渐进的过程，但对于教师和学生来说，更是一次提高自身发展的良机。我们会在实践中博采众长，不断涵泳语文的韵味，让我们的语文学习真正散发出涵韵的馨香来！

（撰稿人：瞿菊玲　张秋婉　陈世豪　刘丽君　姚华妹　杨逸　杨茵　潘雯倩　刘艳红　储丽萍　朱忠明　钟红）

第二章

智慧数学：让理性与美感浸润生命

数学是一门严谨而灵动的学科，数学学习是理性与美感浸润生命的过程。理性是数学的内核，美感是数学的外衣。让孩子们在主动参与中感悟"数和形"的美感，在理性思考中把握"具体和抽象"的智慧，在积极探索中追求"传承和突破"的内蕴，进而拥有用数学的眼光观察世界、用数学的思维思考世界、用数学的语言表达世界的能力，是"智慧数学"的使命。

上海市南汇第二中学数学组现有教师26名,其中高级教师3名,区学科带头人1名,区骨干教师5名。全组教师致力于全面实施素质教育,践行培养具有自主探究能力和可持续发展的学生的教学理念,以课堂教学为突破口,依托长期积淀形成的"勤奋、进取、创新"的教研氛围,凝聚成既有优良传统,又有改革创新精神和团结战斗精神的集体。为了让"基于核心素养"的数学教学常态化,数学组扎实推进"智慧数学"课程群建设,为学校数学教学改革找到了新的增长点。

第一节 数学是理性与美感兼具的语言

一、学科性质

《上海市中小学数学课程标准(试行)》指出:"数学是研究数量关系和空间形式的科学。随着社会的进步和数学自身的进展,特别是在信息技术的推动下,数学的研究领域、研究方式、应用范围等得到了空前的拓展。数学提供了刻画自然规律、社会规律的科学语言和数量模型,提供了处理数据和观测资料、进行推断和证明的有效工具,它不仅对科学技术的进步发挥着基础理论和基础应用的重要作用,而且已成为一种普遍适用的技术,直接为社会创造价值。"[1]数学的"外表直观之秀、内涵深刻之慧"让它成为一门能够让我们拥有从容、理性面对客观世界的智慧的学科。同时,《上海市中小学数学课程标准(试行)》又指出:"数学是现代文化的重要组成部分,它的内容、思想、方法和语言已经广泛渗入人们的日常工作和生活中,影响着人们的思维方式,推动社会文化的进步;数学素养是现代公民必备的一种基本素养。"[2]数学是联通世界的语言,我们用简洁的符号系统、深刻地表达世界,去探寻万物的规律与秩序,匀称与和谐,简

---

[1][2] 上海市教育委员会.上海市中小学数学课程标准(试行)[S].上海:上海教育出版社,2004:25.

单与统一,数学为我们提供了观察世界的一般观念和方法,让我们用理性之光发现世界之美。数学的"文化底蕴之浓、理性思考之精",让学生在学会有条理地思考和简明清晰地表达的同时,学会用数学的眼光看世界,对培育学生认识世界的积极态度和思想方法、求真求实和锲而不舍的精神具有深远影响。

秉承体现数学科学和数学教育的现代观念,促进学生全面、和谐、主动地发展的要求,我校设置了以"基础性、过程性、发展性"为理念的"智慧数学"课程群,力争面向全体学生,实现"人人学有价值的数学;人人都能获得必需的数学知识;不同的人在数学上得到不同的发展"[①]。通过学习使学生在获得对数学理解的同时,在思维能力、情感态度与价值观等多方面得到进步和发展。

二、学科课程理念

通过"智慧数学"课程的学习,提高学生对数学的应用性、人文性的价值认识,利于学生养成用数学的思维和眼光思考问题、看待世界的习惯。让数学学习成为一种智慧的感悟,让数学造就智慧的人生。

"智慧数学"是工具数学。学生通过课程学习,以积极探索的态度,综合地、创造性地运用已有的数学基本知识、数学基本技能、数学基本思想、数学基本活动经验去解决实际问题和源自数学内部的问题。用习得的知识转化为顺利解决实际问题的能力,形成人生智慧。

"智慧数学"是生态数学。"智慧数学"为学生创造一个学习数学的生态"场":从实际生活背景中抽象出数学问题,构建数学模型,解决数学模型,用解决的结果解释现实世界,解释世界时发现新的问题。不断探索、解决的过程让学生体会数学的学习不是概念、定理、公式的枯燥堆砌,而是富有生命力的、与现实生活和其他学科和谐共生的。

"智慧数学"是文化数学。数学是人类文化的重要组成部分,数学素养是现代社会

---

① 上海市教育委员会.上海市中小学数学课程标准(试行)[S].上海:上海教育出版社,2004:25.

每一个公民应该具备的基本素养。在培养人的理性思维和创新能力方面,数学有着不可替代的作用。从严密论证到精确计算,数学为人类提供了精美思维的典范。充分地利用数学文化,让学生浸润于它的熏陶与化育,"至真至通"的理性追求就能成为自觉。

"智慧数学"是情感数学。数学学习过程是情感体验的过程,学生学习数学的过程不是学生被动地吸收课本上的现成结论,而是一个学生亲自参与的充满丰富、生动的思维的活动,经历的一个实践和创新的过程。这过程能让学习化枯燥为有趣;过程也能让学生体会到研究的艰辛;过程更能让学生体会团队合作、自我素养提高的重要性。这个追求"自由探索""至简至和美感"的创造性过程,更是他们情感、态度、价值观养成的宝贵经历。

总之,我们关注学生在数学学习中的思维提升和对美的感悟,"智慧数学"要让学生通过课程学习,在主动参与中感悟"数和形"美的智慧;在智慧思考中感悟"具体和抽象"思辨的智慧;在积极探索中感悟"传承和突破"精神的智慧。

第二节 让孩子们透彻地把握世界

《上海市中小学数学课程标准(试行)》指出:基础教育阶段的数学学习,着重对全体学生强调:打好基础,学会应用,激发兴趣,启迪思维;同时获得积极的情感体验,形成正确的价值观;具有适应未来社会生活和继续学习所必需的数学基本知识和技能以及基本的数学思想方法;具有数学抽象、探索与应用等过程的经历和体验,初步掌握数学抽象以及探索、应用的基本方法,形成基本的数学能力,同时得到通用能力的良好训练。能从数学的角度和运用数学的思维方式去观察、分析现实生活中的事物,会从中提出问题,并会运用所学知识和技能解决简单的问题;具有对数学与人类社会以及现实生活密切联系的体会,知道数学对于社会发展和个人发展都有重要的作用;有一定的数学视野和数学文化素养,尊重理性精神,具有对数学的美和力的感受,具有学好数学的信心；在数学探索、发现和创造的活动中，获得成功的体验，逐步增强创新的意识；在数学学习和实践过程中，逐步养成一丝不苟的作风、精益求精的态度，培育良好的思想品质。[1] 对数学内部世界的"开悟"，才能有底气对现实世界"理直"。

一、学科课程总体目标

学科课程总体目标主要包括以下三个方面：[2]

（一）知识与技能

1. 数与运算：知道由整数到有理数、实数的扩展思想；掌握有理数的运算法则和运算性质，懂得实数的基本运算和顺序关系；初步形成数量观念，胸中有"数"，能从数量方面及其变化规律的角度去认识事物；了解估算的意义并初步掌握估算的一些基本方法，会通过估算进行猜测或检验。

2. 方程与代数：懂得解代数方程的基本原理，会解简单的代数方程；掌握简单的整式、分式和二次根式的基本运算和变形。

3. 图形与几何：认识平面和空间的基本图形，理解基本的几何变换；会画简单的平面图形和一些空间图形，掌握简单平面图形的基本性质和有关距离、长度、角度、面积的计算方法；知道向量的概念，初步掌握向量的线性运算；知道空间直线与平面的平行、垂直等位置关系。

4. 函数与分析：理解函数的意义；理解正比例函数、反比例函数、一次函数和二次函数的概念，会画它们的图像并掌握从图像中得到的一些基本性质。

5. 数据整理与概率统计：了解概率与统计的意义；会收集、分析数据和从统计图表中获取信息；掌握常用统计图表的画法和基本统计量的计算方法，懂得根据统计结果作出合理推断；掌握简单的等可能事件概率的计算方法。

---

[1] 上海市教育委员会.上海市中小学数学课程标准（试行）[S].上海：上海教育出版社，2004：32.
[2] 上海市教育委员会.上海市中小学数学课程标准（试行）[S].上海：上海教育出版社，2004：34—36.

6. 数学思想方法：知道数学思想方法在进行数学思考和解决问题中的作用，通过有关数学知识和技能的学习，逐步领会字母表示数的思想、化归思想、方程思想、函数思想、数形结合思想、分类讨论思想、分解与组合思想等基本数学思想，掌握待定系数法、消元法、换元法、配方法等基本数学方法。

7. 数学基本技能：能按照一定的规则和步骤进行计算、画图和推理；初步形成数学中听、说、写等交流技能；会使用计算器进行数值计算和数据处理。

(二) 过程与方法

1. 过程经历。经历从具体情境中抽象出数学符号的过程，从整数到有理数、实数的扩展过程，用字母表示数和建立代数式的抽象过程；体验、探索具体问题中的数量关系和变化规律，能用代数式、方程、不等式、函数等进行描述。经历采用观察、画图或计算器等手段估计方程解以及利用等式性质和运算律探求方程解的过程，经历利用方程解决实际问题的过程，体会方程是刻画现实世界中一类数量关系和探求未知量的有效的数学模型。经历建立函数关系的过程，体会函数是反映两个变量相互依赖关系的数学模型，是揭示两个变量变化规律的有效工具。

经历从直观经验几何、实验几何到推理几何的演进过程，体会直观感知与理性思考的联系和区别，体会归纳推理、类比推理与演绎推理的意义和作用；体验、探索具体图形的位置关系和运动规律，能用方向、距离、角度、几何变换等进行刻画；具有"实验—归纳—猜测—论证"的经历，感受数学发现、创造的历程。

经历从数据收集到数据处理的完整过程，具有收集、整理数据并进行初步分析和合理解释的经验；体验、探索实际生活中的统计事例和随机现象，能用统计图表、统计量、概率等进行描述，初步具有统计与概率的意识。经历关于统计的社会实践活动过程，初步体会统计对国民经济发展的重要意义。

2. 能力培养与方法习得。关于逻辑推理能力、运算能力和空间观念：知道数学证明的重要性，掌握演绎推理的基本规则和方法；能简明和有条理地表述推理过程，合理解释推理的正确性。知道算理，能根据问题条件，寻找与设计合理、有效的运算途径，通过运算进行推理和探求;能够由实物形状想象出几何图形,由几何图形想象出实物形状;能够想象几何图形的基本运动和变化;能够从复杂的图形中区分出基本图形,并能分析其中的基本元素及其关系;能由基本图形的性质推导出较复杂图形的性质。

关于数学探究能力、应用能力和创新能力:懂得从数学的角度去思考问题,能通过数学的操作实验或理性活动进行合情推理,提出猜想并进行判断;会利用已有的知识经验,自主进行探索和尝试解决新情境中的数学问题;在实践应用中逐步积累有关发现、叙述、总结数学规律的经验,知道一些基本的数学模型,初步形成数学建模能力,能解决一些简单的实际问题。

关于运用数学语言的能力:感受、体验文字语言、符号语言和图形语言的转译过程,具有基本的数学语言素养;能运用数学语言和普通语言,条理分明地、阐述自己的思想和观点,与他人进行交流和沟通。

关于研习能力、批判思维能力、自我调控能力、交流与合作能力:能在教师指导下自主进行学习和探究问题;初步学会对知识学习和解决问题的过程进行自我评判和调控,对知识进行系统整理;初步学会对已有的知识经验进行反思、质疑和对问题进行多方面分析、发散性思考,能提出自己的见解;乐意与他人进行交流、沟通和合作。

关于数学抽象、探索和应用的基本方法:初步掌握观察、操作、比较、分析、类比、归纳等数学实验研究的方法和利用图表整理数据、获取信息的方法;感受数学对象中隐含着整体性、次序性、和谐性,对数学直觉有初步的体会;具有抓住现实事物的本质、进行数学的抽象与概括的经历和经验;初步领略数学的思考、判断、决策的过程和方法;懂得"从特殊到一般""从一般到特殊"以及"转化"等思维策略。

(三) 情感态度与价值观

1. 知道数学是人类文化的重要组成部分,对世界数学文化有包容的态度;懂得数学与人类生活有密切的联系,初步了解数学对个人发展和社会发展的作用;形成正确的学习动机,激发学习数学的兴趣,树立数学学习的自信心,养成良好的学习习惯,勇于克服困难,在学习中不断进取。

2. 关心现实世界中的数学现象并具有积极探索的兴趣,能从数学的角度提出问题和进行研究。知道对来自各方面的数学信息进行价值判断,初步学会选择和应用。

3. 通过积极参与数学学习和解决问题的活动,发展主体意识、综合意识、评价意识,初步养成积极探究的态度、独立思考的习惯、实事求是的作风和团队合作的精神。

4. 认识数学来源于实践又反过来作用于实践,知道数学内容中普遍存在着的运动、变化、相互联系和相互转化的规律,体会辩证唯物主义观点;在有关内容的学习中,了解我国国情、社会主义建设成就以及中外数学史料,感受数学的美学价值,提高审美情趣,增强爱国主义热情和民族自尊心、自信心,体会社会责任感和使命感。

"知识与技能""过程与方法""情感态度与价值观"三个维度的目标,是一个有机整体;它们分别又有不同的层次,反映学生发展的进程。这三方面目标的达成是相互联系和相互促进的,它们在丰富、多样的数学教学活动中整体实现。

二、学科课程年段目标

"智慧数学"课程的建设,是根据现有教学的六至九年级的教科书为蓝本,结合学校的教学理念和学生的兴趣特点,拓展与丰富出来的课程。这里,以六年级为例说明(见表 2-1)。

表 2-1 六年级数学学科课程目标表

学段	学习主题	学 习 目 标
六年级第一学期	第一章 数的整除 (13 课时)	知道数的整除性、奇数和偶数、质数和合数、倍数和约数、公倍数和公约数等的意义;知道能被 2 或 3、5、9 整除的正整数的特征;会求两个正整数的最小公倍数和最大公约数(在具体问题讨论中涉及的正整数一般不大于 100)。
	第二章 分数 (25 课时)	理解分数概念。知道正分数是表示两正整数相除所得的商,着重在除法的意义上理解 $\frac{p}{q}$(p,q 是正整数)的分数表示形式;理解真分数、假分数、带分数、最简分数等概念,理解分数与小数之间的联系,掌握分数与小数的互化,初步体会转化思想。掌握异分母分数的加减运算以及分数的乘除运算(分数与小数互化中的小数为有限小数或无限循环小数)。

续表

学段	学习主题	学习目标
六年级第二学期	第三章 比和比例 (13课时)	理解比和百分比的有关概念;会解决有关比和百分比的简单问题,在分数的应用中,体会数学与现实生活的联系(可涉及如合格率、增长率、利率、税率等术语)。 理解比例的概念和基本性质,会解简单的比例问题(对合分比定理和等比定理不做教学要求)。
	第四章 圆与扇形 (7课时)	通过点的运动认识圆的特征,理解圆周、圆弧、扇形等概念。 通过操作活动,对圆的周长和面积、弧长与扇形面积等计算公式形成猜想或进行验证;会用公式进行简单度量问题的计算;体会近似与精确的数学思想,了解数学实验的研究方法。
	第五章 第六章 有理数 (15课时)	理解有理数以及相反数、倒数、绝对值等概念,会用数轴上的点表示有理数;学习负数的运算,经历确立有理数的加、减、乘、除、乘方运算法则的过程,并归纳有关运算性质;能灵活运用这些法则和性质进行计算(对有理数的笔算,不出现繁难复杂的问题,重在掌握有理数运算的法则、性质以及运算顺序。有理数的运算性质包括:加法、乘法运算的交换律和结合律,乘法对加法的分配律,加与减、乘与除的互逆性,数0和1的特性等)。 掌握比较有理数大小的方法。体会数形结合思想。
	第七章 一次方程 (组)和一次 不等式(组) (26课时)	经历运用等式的性质和有理数的运算律来探索一元一次方程解法的过程,初步体会由通性求通解的代数思想和探究性学习的策略。掌握一元一次方程的解法。 理解二元一次方程和它的解以及一次方程组和它的解的概念,掌握"消元法";会解二元、三元一次方程组;初步体会化归思想(说明)。 用举例分析的方法指出字母"代"数的意义,经历将实际应用问题抽象为代数方程问题的过程,初步掌握用代数方法解应用题的基本步骤;认识方程模型,会用一次方程(组)解简单的应用题。 理解不等式及其基本性质;理解一元一次不等式(组)及其解的有关概念,掌握一元一次不等式的解法,并会利用数轴表示不等式的解集;会解简单的一元一次不等式组。通过不等式与方程的类比,发展类比思维能力。 不出现涉及繁难计算的解方程(组)、不等式(组)的问题,突出基本步骤及基本原理,注重实际问题中数量关系的分析和数学表示的训练。 说明:这里的二元、三元一次方程组中的方程一般为整系数方程,解方程组的过程不繁难但能清晰体现基本方法的运用。
	第八章 线段与角 的画法 (9课时)	理解两条线段相等、两个角相等的含义。 会用直尺、圆规进行关于线段相等、角相等的作图(关于线段的和、差、倍与角的和、差、倍的作图问题,不限定为严格的尺规作图)。 理解线段的中点、角的平分线的概念,掌握它们的画法;会用尺规作角的平分线。

续表

学段	学习主题	学习目标
		理解余角和补角的概念,会求已知角的余角和补角。知道两条直线相交只有一个交点,它们所成的角(大小在0°到180°之内)有四个;理解对顶角和邻补角的概念,掌握对顶角的性质;会用交角的大小来描述两条相交直线的位置特征;知道垂线的概念和性质,会画已知直线的垂线,会用尺规作线段的垂直平分线。
	第九章 长方体的 再认识 (8课时)	认识长方体的顶点、棱、面等元素,会用硬纸片(或铁丝、细棒)制作长方体(或长方体架子);会画长方体的直观图(采用"斜二侧"画法),形成关于图形与实物的初步联想(说明1)。 理解长方体中的棱、面之间的基本位置关系的含义;在明确这些棱、面分别是直线和平面的部分的基础上,直观认识空间两条直线的位置关系有三种(出现"异面直线"的名词);认识线面、面面的平行和垂直关系,知道一些简单的检验方法。形成初步的空间观念(说明2)。 说明:1. 只要求熟悉长方体直观图的某一种常用图形,知道长方体的有关元素及其表示方法。2. 以长方体为载体,学习空间直线与平面的平行、垂直关系,在一种常用直观图中加以描述。关于线面、面面的平行和垂直的检验方法,可介绍如利用铅垂线、角尺、长方形纸片、合页型折纸等进行检验的方法。

第三节　走进严谨而灵动的数学天地

结合课程哲学,为实现课程目标,谋求积极的课程自为,我们建立起学科国家课程与学科校本课程相统一的"智慧数学"课程框架,让每一个孩子走进严谨而灵动的数学天地。

一、学科课程结构

《上海市中小学数学课程标准(试行)》把所有学生共同需要的数学基础知识,按其所属的知识领域,分为"数与运算""方程与代数""图形与几何""函数与分析""数据整理与概率统计"五个部分。每部分内容分为若干主题,形成序列;各部分内容既自成系统,又相互联系、穿插渗透,组合成一个有机的整体。结合我校数学课程理念,我校数学学科课程分为"智慧数感、智慧代数、智慧几何、智慧分析、智慧数据"五个板块(见图2-1)。

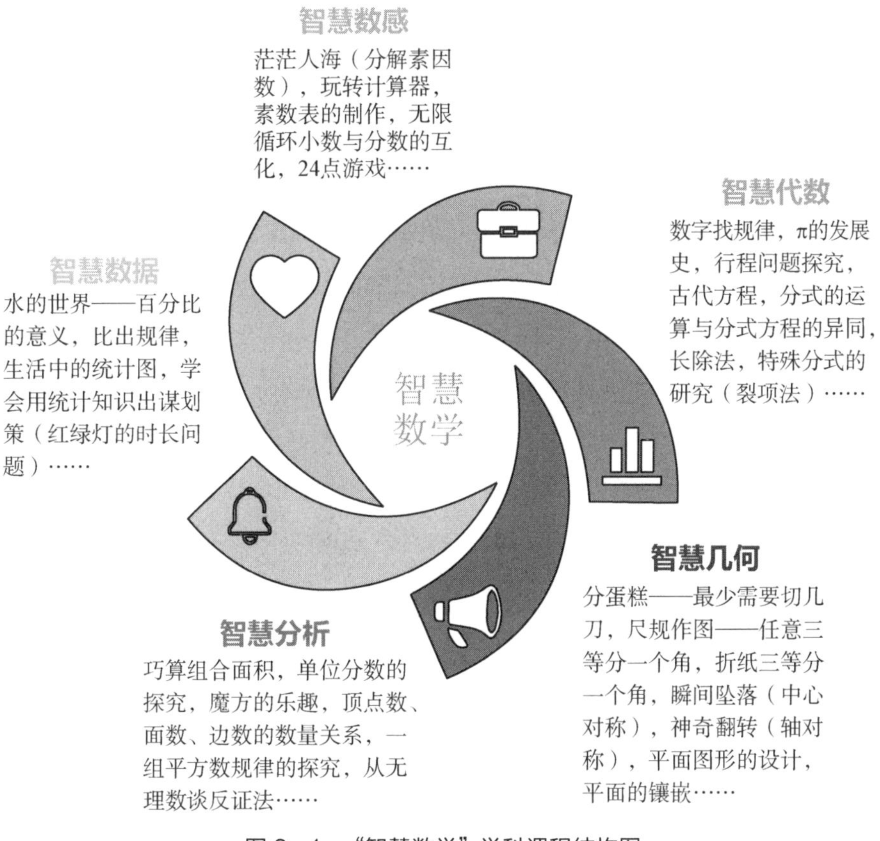

智慧数感
茫茫人海(分解素因数),玩转计算器,素数表的制作,无限循环小数与分数的互化,24点游戏……

智慧代数
数字找规律,π的发展史,行程问题探究,古代方程,分式的运算与分式方程的异同,长除法,特殊分式的研究(裂项法)……

智慧数据
水的世界——百分比的意义,比出规律,生活中的统计图,学会用统计知识出谋划策(红绿灯的时长问题)……

智慧几何
分蛋糕——最少需要切几刀,尺规作图——任意三等分一个角,折纸三等分一个角,瞬间坠落(中心对称),神奇翻转(轴对称),平面图形的设计,平面的镶嵌……

智慧分析
巧算组合面积,单位分数的探究,魔方的乐趣,顶点数、面数、边数的数量关系,一组平方数规律的探究,从无理数谈反证法……

图2-1 "智慧数学"学科课程结构图

1. 智慧数感。以数的运算以及知识点的相关应用等开设的课程。内容有:茫茫人海(分解素因数),玩转计算器,素数表的制作,无限循环小数与分数的互化,24点游戏,神奇三位数(9的倍数特征),计算达人赛,说题比赛,平方根与算术平方根,计算机魔术,话说"黄金分割"。

2. 智慧代数。以方程与代数的相关知识点开设的课程。内容有:数字找规律,π的发展史,行程问题探究,古代方程,分式的运算与分式方程的异同,长除法,特殊分式的研究(裂项法),等差、等比数列的拓展,一元二次方程的求根公式,平方根等式宝塔的构建,一些特殊的高次方程的解法,"出入相补原理"。

3. 智慧几何。以图形与几何相关知识点开设的课程。内容有:分蛋糕——最少需要切几刀,尺规作图——任意三等分一个角,折纸三等分一个角,瞬间坠落(中心对称),神奇翻转(轴对称),平面图形的设计,平面的镶嵌,三角形画法,平行线被折线所截问题,一起玩七巧板,勾股定理万花筒(用拼图的方式证明),向量方法解几何问题,分割三角形。

4. 智慧分析。以函数与分析的相关知识点开设的课程。内容有:巧算组合面积,单位分数的探究,魔方的乐趣,顶点数、面数、边数的数量关系,一组平方数规律的探究,从无理数谈反证法,勾股数的探究,生活中的函数,直线型经验公式,利用函数图像研究函数性质。

5. 智慧数据。以数据整理与概率统计的相关知识开设的课程。内容有:水的世界——百分比的意义,比出规律,生活中的统计图,学会用统计知识出谋划策(红绿灯的时长问题),宝藏在哪里,棋谱的另类记法,统计知识应用实例,生活中的概率问题,杨辉三角与路径问题,测量活动,通过现象看本质。

二、学科课程设置

"智慧数学"课程依据各年级学生学情,由易到难、由浅入深,由单一到综合、循序渐进,根据不同学段的知识储备和学生需求编制不同的内容,由各年级的任课老师组织实施。具体课程设置如下(见表 2-2)。

表2-2 "智慧数学"课程设置表

课程	学期	智慧数感	智慧代数	智慧几何	智慧分析	智慧数据
六年级	上学期	茫茫人海(分解素因数),玩转计算器,素数表的制作,无限循环小数与分数的互化	数字找规律,π的发展史	搭建正方体,分蛋糕——最少需要切几刀	巧算组合面积,单位分数的探究	水的世界——百分比的意义,比出规律
六年级	下学期	24点游戏	行程问题探究,古代方程	尺规作图——任意三等分一个角,折纸三等分一个角	魔方的乐趣,纸质足球的制作,顶点数、面数、边数的数量关系	生活中的统计图(24小时气温的变化,股市大盘指数的变化等)
七年级	上学期	神奇三位数(9的倍数特征)	神奇的纸牌,长除法,特殊分式的研究(裂项法),分式的运算与分式方程的异同	瞬间坠落(中心对称),神奇翻转(轴对称),平面图形的设计,平面的镶嵌	一组平方数规律的探究	学会用统计知识出谋划策(红绿灯的时长问题)
七年级	下学期	计算达人赛,说题比赛	等差、等比数列的拓展	三角形画法,平行线被折线所截问题,一起玩七巧板	从无理数谈反证法	宝藏在哪里,棋谱的另类记法
八年级	上学期	平方根与算术平方根	一元二次方程的求根公式,平方根等式宝塔的构建	勾股定理万花筒(用拼图的方式证明)	生活中的函数,勾股数的探究	统计知识应用实例
八年级	下学期	计算机魔术	一些特殊的高次方程的解法	向量方法解几何问题赏析	直线型经验公式	生活中的概率问题,杨辉三角与路径问题
九年级	上学期	话说"黄金分割"	"出入相补原理"	分割三角形	篮球的秘密,利用函数图像研究函数性质	测量活动,通过现象看本质(数据分析的意义)
九年级	下学期			尺规作图——正多边形的画法,海豚表演的秘密	圆的幸福感	统计图各有奥妙

第四节　浸润于理性与美感之中

《上海市中小学数学课程标准(试行)》指出：教学活动应注重师生互动,共同发展,即确立学生主体地位,体现"教师主导与学生主动"相统一；创造适合学生的教学,坚持"教"为"学"服务；重视学习方式多样化,促进学生学习方式完善；加强数学的过程教学,重视教学开放性和发展性；尊重学生现有的认知水平和个性差异；坚持主导原则下的平衡与兼顾。[①]"智慧数学"的提出,基于学生的终生可持续发展,立足于学生享受智慧人生。因此,"智慧数学"教育的重心不仅是学生认知结构的形成,更重要的是努力建设和谐的交流环境,让富有美感与理性的数学浸润学生,最终为学生人生智慧的形成奠定基础。

一、建构"智慧课堂",助推学科核心课程

"智慧课堂"是追求启迪学生智慧、激发学习乐趣、提高自主学习技能、提倡互动分享的课堂。教育的真谛在于将知识转化为智慧,使文明积淀成人格。义务教育阶段的数学课程,其基本出发点是促进学生全面、和谐、主动地发展,学生在获得对数学理解的同时,在思维能力、情感态度与价值观等多方面得到进步和发展。智慧课堂旨在通过传递数学特有的方法和思想,引导学生的智慧成长,激发和唤醒学生的创造潜能,同时将学科德育功能渗透始终。

(一)"智慧课堂"的实践操作

"智慧课堂"重"方法与经历"的追求,重"思想与文化"的追求,重"转识成智"的追

[①] 上海市教育委员会.上海市中小学数学课程标准(试行)[S].上海：上海教育出版社,2004：100.

求。"智慧课堂"就是学生高质态、高品位、高效益的心智滋养的重要教育场所。建设符合我校数学学科实际的"智慧课堂",要从引导学生完善学习方式,增强学生学习体验入手。具体而言:

1. 搭建前置化学习支架,引领学生自主学习。一方面,通过落实前置学习,让学生预先对教学内容有所了解,对所要讲解的数学知识有自己的理解,并标注出自认为有难度的地方。另一方面,学生借助教师设置的学习导航,让独立的预习过程有章可循,思考有方向,关注有重点,而非仅仅是通读教材。这样的前置学习,具备自主性和针对性,能够让学生学会自主学习,自主思考问题,寻找解决办法。学生通过自身的智慧理解数学知识,增强了学习的自信心和满足感,自主学习意识得到提高的同时,思维能力和敏捷度也得到锻炼,学习习惯也将得到改善。

2. 构建互助共学模式的课堂,促进学生有效学习。课堂的创建,除了教师在教学过程中能够更加灵活、系统地传授知识,最重要的是创设学生参与学习的生态场。智慧课堂通过师生、生生之间的互助交流、合作分享构建高效、和谐的学习模式。这种互助交流方式能够营造一个轻松开放的课堂氛围,在这样的教学环境中,学生的智慧和潜能容易被激发。师生、生生共同对数学问题进行探讨,提出各自不同的见解,达到教学相长的目的,这不仅能够让学生在交流、分享甚至质疑中对知识有更深刻的理解,还能够促进学生之间的思想碰撞、情感交流,彼此交换意见、启迪智慧。通过互动交流、合作分享搭建的课堂,追求在教学实践中更有效地实现德育和智育的双重目标。

3. 打造反思性教学模式的课堂,实现教学相长。"自己预习的和老师的讲解有何不同?""其他同学的方法有何优点,我的是否可行?"对学生来说,反思性学习能让学生更深入地思考与探究正在学习的内容,从而对学习内容有更深层次的理解,还能帮助学生找到自己的不足并思考如何完善,这就让深度学习成为常态。对老师而言,在详细了解教材内容的基础上,要根据学生的反馈情况调整教学方式,不断优化组织学生学习的形式,使之最大限度地适应学生深度学习的需要,并根据学生的实际学习能力和学习情况,适当进行学习拓展;所以,个性化教学在成就不同的学生得到不同的发展的同时,也促进教师自身的成长。

(二)"智慧课堂"评价方式

评价的目的是为了更好地促进教师的教与学生的学。在"智慧课堂"中,教师要注重以学生为主体,以激发学生学习潜能为追求目标,变革教法,引导学生主动地学习、探究数学知识。对学生而言,数学学习评价不只是认定,更重要的是激励和调控。通过对学生学习数学的行为、态度和所取得的进展的判断,使学生正确认识自己,增强学习数学的自信心,获得真实的成就感;引导和鼓励学生继续努力学习,切实改善学习态度,改进学习方法,在个性方向上充分发展、不断进步;同时使教师更好地了解学生的数学学习程度和需求,进行正确的教学决策,切实改进教学。

评价的依据是课程目标。反馈和评价是动态的,评价应当围绕课程目标和内容标准,结合学生的年龄特点,体现数学课程的基本理念,全面评价学生在知识技能、数学思考、问题解决和情感态度等方面的表现。"智慧课堂"评价指标共设置2个评价项目,8个评价要点(见表2-3)。

表2-3 课堂教学评价量表

		评 价 要 点	分值	评分
学生学习	参与状态	学生全员全程参与学习,能自主学习、积极学习。	15	
	交往状态	生生之间友好、有效地合作学习,能相互给予指点帮助或大胆发表与众不同的见解,学生与教师进行充分交流。	15	
	思维状态	学生的思维流畅有条理,善于解释、说明、表达所学知识,能独立思考、主动探究、善于质疑,提出有价值的问题,并展开激烈的争论,学生的见解是否有自己的思想或创意。	15	
	生成状态	学生伴有满足、成功、喜悦等体验,并对后续学习更有信心,能总结学习所得,能得到相应发展。	15	
教师教学	教学思想	教学目标明确、具体、全面、恰当。关注学生主体意识、创新意识和实践能力的培养。能面向全体,兼顾个体差异。采用小组讨论,合作等多种学习方式。提供充分的学习材料与探究时空,为学生提供"做数学"的机会,让学生在学习中体验数学和经历数学。善于创设轻松愉快的课堂气氛。	10	
	教学设计	联系学生经验,创造性运用教材,优化内容。积极开发和利用各种教学资源。充分估计教学的起点,把握重点,突破难点。创设有助于学生自主学习的问题情景。重视学生获取知识的过程,暴露思维过程。有一定的练习时间和练习量。	10	

续表

	评 价 要 点	分值	评分
教学技术	重视反馈,把握教学契机,及时调整教学过程,应变能力强。合理引导学生发现并提出问题、引导学生经历研究、探索的过程。合理组织学生充分交流、合作与互动。恰当运用现代教学技术手段。	10	
个人素质	有良好的基本功,如:板书、口头表达能力等。有丰厚的数学功底,课堂用语规范、科学。能充分挖掘教材蕴涵的数学思想方法等。有较强的驾驭现代教学技术的能力。语言生动准确,教态亲切自然。	10	
总体评价			

二、建设"智慧课程",丰富学科课程体系

数学智慧课程着眼于拓宽学生的数学视野,升华学生的学习情感,真实感受数学的魅力、建立数学与生活的联系,将数学知识、数学思维融于课程中,能让学生在更好地理解、运用数学的同时,积累人生经验,形成人生智慧。

(一)"智慧课程"的建设路径

《上海市中小学数学课程标准(试行)》把所有学生共同需要的数学基础知识,按其所属的知识领域,分为"数与运算""方程与代数""图形与几何""函数与分析""数据整理与概率统计"五个部分,并且指出要增强数学课程内容的可选择性,在确保所有学生都能获得必需的数学知识的同时,充分关注不同的学生在数学方面得到不同发展的需要;同时要注重数学与现实生活的联系,选择具有广泛应用性的数学知识充实课程内容,因此,我们的数学智慧课程的开发在立足教材,夯实基础,使每个学生获得必需的技能与体验的同时,梳理统整了现有资源,汲取生活中的养分加以充实。

(二)"智慧课程"的评价要求

本课程建立在学生既有认知发展水平和已获得的经验基础之上,为学生提供多层次的数学活动机会,是课堂教学的延伸,能够给予学生更多面、更深刻、更系统的思考学习,以提升学科核心素养。

学习评价应采用多种多样的形式和方法,全面地、动态地、综合地进行评价。不仅要评价学生通过数学学习所取得的成果和达到的水平,更要重视学生在学习过程中的变化和发展,关注学生在学习活动中所表现出来的主体精神、进取态度、行为习惯、思维品质和学习潜能。智慧课程的学习更应体现出评价方式方法的多样化,动态性。根据课程特点,评价结果采取描述性评价和等级评价相结合的方式。描述性评价从学习态度、课堂参与、合作意识、问题解决效果、个性创造等维度进行综合评价;而等级评价的考查方式采用数学学习日记、数学调查报告、数学课题完成总结等。

三、创办"智慧社团",发展学科兴趣爱好

社团是学生主导、展示自我、个性发展的平台,以创办"智慧社团"为途径,满足学生个人发展需求,放飞个性、崭露风采,实现"不同的人在数学上得到不同的发展"的学科课程理念。

(一)"智慧社团"的创建与实施

"智慧社团"的创建立足于数学学科的师资队伍,结合学生的个人特长和组织能力,以师生互助、生生互助的模式打造社团平台。社团的创立者可以是教师,也可以是学生;内容可以是以凸显数学人文内涵的,如拜见数学家、定理背后的故事等;可以是数学应用类的,如藏身在生活中数学、魔方训练营、24点游戏,也可以是数学学习的分享讨论,如一题多解大家谈、数学技巧大碰撞等。

拜见数学家: 社团通过学生之间互相介绍自己"看到的,听到的,查到的"关于历史上一些杰出数学家的感人故事和生平成就,让学生感受前辈大师严谨治学且锲而不

舍之探索精神,提高对数学的学习兴趣,提升人文素养。

公式与定理背后的故事: 阿基米德、开普勒、高斯、牛顿、麦克斯韦、爱因斯坦……这些代表着人类智慧的伟大科学家们创造的每一个伟大公式与定理都是人类文明的集中体现,都见证了科学的美丽与人类的尊严,让学生在故事的熏陶中品味数学的人文底蕴。

隐藏在生活中的数学: 世界名画、名建筑中的数学,自然界中隐藏的数学等,吸引喜欢人文和自然的学生们踏入数学的殿堂,去拥抱理性的通透。

魔方训练营: 撬动整个大脑探索魔方的数学之美,几何体的初步入门,棱面点的数量关系,还原的最少步数等等,用一个个简单的数学知识点燃起对数学的热情,让懵懂的孩子推开数学神奇的大门。

24点游戏: 以独具的数学魅力和丰富的内涵,在寓教于乐中培养学生快捷的心算能力和反应能力。

一题多解大家谈: 数学素养的提升,自身学习能力的提升是关键,学会讨论,学会学习:学会一题多变——对原题进行改变条件、问题或图形的位置等处理,也可对原题进行进一步的拓展和延伸;一题多解——从不同的角度思考解决问题的不同方法,长期的训练有助于提升数学思维品质。

数学技巧大碰撞: 每周一次的学习分享会,总结、提炼学生在一个阶段中碰到的数学问题的解题技巧,这种思维碰撞与经验分享,对学习困难的学生是一种心理支持和答疑解惑,对学习优秀的学生是一种肯定和激励。

社团需定时间、定地点、定人数、定目标、定任务开展社团活动,每个社团要根据总体实施方案,制订切实可行的活动计划,一般情况下,以每个学期为一个小周期。社团的活动都由主持人发布社团目标,并公布社团活动的实施计划,可分组进行生生互助,也可邀请指导老师进行辅导。

(二)"智慧社团"的评价要求

"智慧社团"的开设在拓展学生的知识面,更好地促进学生数学思维能力发展的同时,也唤起和发展学生对数学及其应用的稳定兴趣,并且增加了学生实践应用知识的机会。志趣相投的同学在同一平台美人之美、相互鼓励中和谐共振;各具天赋又各有所长的同学在同一平台相互切磋、取长补短中意气风发。

评价与考核时注重每一个同学的获得感需求,尊重他们的每一次付出,体现出评价的调控性和激励性。考核着眼于学习的过程,多维度、客观、发展的、动态化评价,鼓励不同的学生在现有数学水平上得到不同的发展。通过自我评价、小组评价、教师评价三者相结合的评价体系,考查学生在社团活动中参与活动的积极性、合作意识及团队精神等方面,以优秀、良好、合格、须努力等第呈现(见表2-4)。

表2-4 社团活动记录单

评价内容	自我评价	小组评价	教师评价	总评
出勤情况				
参与活动的积极性				
作品完成质量				
探究能力				
组织纪律及团队精神				

四、举办"智慧数学节",营造学科学习氛围

数学是一种文化、一种探索精神、一种对理性与完美不懈追求的品质。通过举办数学节来营造学校浓厚的数学氛围,学生浸润其中,汲取养分,获得自信,绽放笑容。

(一)"智慧数学节"的活动设计

围绕学校教学理念,结合各年段学生知识储备与年龄特点,数学组开展了"数学家的故事""数学画报""说题比赛""数学小论文"等活动,从演、画、说、写等多维度、多方法来展示数学不仅仅是数字与公式,计算与推理,还是一门人文气息浓郁的学科,通过

多种多样的活动,让学生感受数学的温度,开阔视野,刷新观点,拓展思维,促进学生的全面发展(见表2-5)。

表2-5 "智慧数学节"活动安排表

活动名称	活动内容及形式	组织实施
数学画报	以手抄报、思维导图为主要内容	选定主题,规定期限,学生自由投稿,以内容评价为主,兼顾设计
数学家的故事	以小品形式呈现数学家的生活片段	以班级为单位进行评选,优秀作品在元旦汇演中展示
说题比赛	围绕所学知识点选取合适题目进行思路及方法的解说	从年级中进行初选,自由选题,决赛为指定题目,形式都是现场解说,评委分学生和老师
数学小论文	围绕某个数学问题进行理解、评价或利用所学的数学知识解决生活中的数学问题	以学生自主报名为主,老师推荐为辅,个人或团体参赛,优秀作品推荐投稿

(二)"智慧数学节"的活动评价

数学节的评价依然坚持以人为本,首先关注学生经历重要数学活动的过程,关注数学学科资源利用的实施。每一个活动都将数学知识、思想方法、人文情感贯穿其中,在活动的举办过程中,无论是教师还是学生,都会增强数学课程资源的开发、应用意识。其次,关注学生素质发展,引导学生参与自评和互评,采用学生与教师评阅结合、数学教师主导、跨学科教师协助等方式多方面、更客观地来考核学生呈现的作品。用多种方式肯定学生的成绩,鼓励学生的创意,通过文字、图片、视频资料等形式保留学生的作品,留存整个活动过程,这些素材都是学生们对数学的现实理解、表达的展示,这样的活动更是他们数学学习经历的美好回忆。

五、打造"智慧实践",落实学科生活应用

引导学生开展一些调查活动,如围绕环境、交通、运动、经济等主题展开,然后用数

学的方法去分析,写出小调查、小报告,引导学生学以致用,解决实际生活中的问题,感受数学思想方法的作用和魅力。(以下举出两个问题)

问题1:分析二中东校的地理位置,画出二中东校所在区域的局部地图,标出主要建筑物;在父母陪同下,于出行高峰期任选一处红绿灯,分别测出行人和机动车等待绿灯的时间,观察、统计相应时间内行人数量和机动车数量。评估红绿灯设置的合理性,并形成报告。

问题2:在举国上下抗击新型冠状病毒的斗争中,疫情变化牵动着全国人民的心,请根据以下中国31个省(区、市)疫情发展趋势表(1月22日~1月28日)回答问题(见表2-6)。

表2-6 疫情发展趋势表

日期	22	23	24	25	26	27	28
新增疑似病例	257	680	1 118	1 309	3 806	2 077	3 248
新增确诊病例	131	259	444	688	769	1 771	1 459

(1)每天新增确诊病例与新增疑似病例人数和超过4 000人的天数共有_____天,新增确诊病例与新增疑似病例最多的那天有_____人。
(2)新增确诊病例_____日到_____日的日增加量最大。
(3)画出折线图、扇形图、条形图,分析数据的变化趋势,并结合医生建议,提出相关合理性建议。

(二)"智慧实践"的活动评价

"智慧实践"活动的评价体系依然要坚持以人为本,关注学生对数学知识的理解、演绎、表现等认识发展过程。从方案设计、呈现效果、生活关联度等维度进行指导,采用学生互评与教师评价相结合的评价体系来考核学生的作品。将学生参与整个活动过程的实践照片、活动报道、作品等完整留存下来,这些宝贵资料既是对学生学习过程的评价和鼓励,也是学生人生经验积累的素材,更是学生用数学智慧把人生经验提炼为人生智慧的初步成果。

总之,我校的"智慧数学"力求让学生们在数学学习中提升思维品质和对美的感悟。教师作为课程资源的研究者和课程实施的设计者,应不断挖掘、利用和整合教材,把课堂变成教材开发、运用、实践的阵地。"智慧数学"课程群的建设为学生提供"富足而宽泛"的资源,"温暖而舒缓"的浸润！让学生们走进具有数学底色、理性本色、人文特色的浸润式生态学习场,让理性与美感润泽他们的生命成长,成就智慧人生。

（撰稿人：周晓凌　严长宜　严海燕）

第三章

立体英语:打开瞭望世界的窗口

英语为人们打开一扇认识世界的窗户。掌握了英语,就能够站在世界的角度去看整个世界,同时也能够从世界的角度理解自我。英语课程应该立足于为孩子们提供开放的学习内容,让学生在多维空间感受英语魅力;在丰富的课程中,汲取世界文化精华,为适应生活奠定基础。

课程是鲜活的:"大视野课程"的旨趣与活性

上海市南汇第二中学英语教研组是一个充满活力,乐于创新,锐意进取的团队。教研组内和谐协作的教研氛围和求真务实的工作精神使得组内各项工作都能高质量完成。组内现有教师26名,其中中学高级教师5名,中学一级教师11名,区骨干教师3名,区学科中心组成员1名。数位教师在国家级、市级以及区级教学评选中荣获奖项。一直以来,英语组全体教师注重自己的专业发展和能力提升,积极反思,研究课程定位,更新教学理念,改进教学方法。为更好地总结教师们的研究经验,进一步推进我校英语学科课程建设,依据《义务教育英语课程标准(2011年版)》,围绕英语学科特点以及我校学生英语学习现状,推进我校别具特色的"立体英语"课程群建设。

第一节 英语是立体的而不是平面的

一、学科性质观

《义务教育英语课程标准(2011年版)》指出:义务教育阶段的英语课程具有工具性和人文性双重性质。[1]

就工具性而言,英语课程承担着培养学生基本英语素养和发展学生思维能力的任务,即学生通过英语课程掌握基本的英语语言知识,发展基本的英语听、说、读、写技能,初步形成用英语与他人交流的能力,进一步促进思维能力的发展,为今后继续学习英语和用英语学习其他相关科学文化知识奠定基础。义务教育阶段,可以根据学生的年龄特点,进行多种方式的培养和学习多维度英语技能,进而建构立体的英语学习网络。也只有在立体的英语学习网络中,才可以帮助学生全面多维地瞭望世界,丰富自身。

就人文性而言,英语课程承担着提高学生综合人文素养的任务,即学生通过英语

---

[1] 中华人民共和国教育部. 义务教育英语课程标准(2011年版)[S]. 北京:北京师范大学出版社,2011:2.

课程能够开阔视野,丰富生活经历,形成跨文化意识,增强爱国主义精神,发展创新能力,形成良好的品格和正确的人生观与价值观。义务教育阶段的学生正是生理和心理急剧发展变化的阶段,在这一阶段所接触学习的事物对于学生的人格塑造有着深远的影响。英语学习开拓了学生的视野,打开了学生瞭望世界的窗口,促进学生建立相对完整的人格,最终成为一个饱满丰富的人。

现代社会正处于大发展和大调整的变革时期,呈现世界多极化和经济全球化以及信息化的发展趋势。英语作为全球使用最广泛的语言之一,已经成为国际交往和科技文化交流的重要工具,因此,学习和使用英语对人类采撷文明成果、增进中国和世界的相互理解,具有重要的作用。身处于新时代的青少年,承担着伟大复兴的中国梦,通过学习英语这门语言工具,他们能成为具有创新能力和跨文化交际能力的人才。同时,在英语学习的过程中,亦能了解他国的先进科学技术、理解人类文明历程、开拓自己的视野和见解,从而为学生的全面终身发展奠定基础。只有将工具性和人文性二者兼容并举,才能真正实现英语学习的价值,获得学习英语的乐趣。

二、学科课程理念

在谈及学科课程理念时,《义务教育英语课程标准(2011年版)》明确指出,英语学科的课程基本理念主要包括六个方面:注重素质教育,体现语言学习对学生发展的价值;面向全体学生,关注语言学习者的不同特点和个体差异;整体设计目标,充分考虑语言学习的渐进性和持续性;强调学习过程,重视语言学习的实践性和应用性;优化评价方式,着重评价学生的综合语言运用能力;丰富课程资源,拓展英语学习渠道。[①] 结合英语学科的课程理念,在世界趋于融合的时代背景下,我组认为,应打造"立体英语"课程,致力于通过多样化、螺旋状的课程体系,培养具有创新能力和跨文化交际能力的新型人才。我校的"立体英语"课程理念具有 4D 内涵,具体来说,有以下四个方面:

1. Delight 愉悦。兴趣是最好的老师。一切高效课堂的起点都是积极的动机。研

---

① 中华人民共和国教育部. 义务教育英语课程标准(2011年版)[S]. 北京:北京师范大学出版社,2011:3.

究表明,初中学生的心智尚未完全成熟,他们对自己热衷或感兴趣的事物常常会投入更多的精力。因此,我们希望英语课堂首先是能让学习者身心愉悦的课堂。

2. Diversity 多样。我们通过立体课程、立体课堂、立体节日、立体研学、立体社团等多层次、多角度的课程为学生提供多样化的学习平台,促进每位学生多样化的发展和进步。多样的另外一层意思则是关注不同特点、不同水平的学生,尊重学生个体差异,包容所有学习者。

3. Discovery 探索。探索是最好的学习方式。在探索中学习,在学习中探索。我们设置灵活的课程,帮助学生探索语言本身的规律和语言学习的策略技巧,同时也与其他学科进行整合,在探索的过程中,让英语学科工具性的特征得到体现。

4. Development 发展。所有的课程设置都是基于学生发展的需要,尊重学生的身心发展规律。课程本身也是呈螺旋上升即不断加深、不断拓宽的发展态势。为学生的终身发展打下基础。

总之,"立体英语"致力于让学生在多样化的英语学习过程中,体验英语学习的快乐,积极求知探索,最终达到兼容并举、全面发展的目的,帮助学生更好地完善自己,成为一个饱满丰富的人。

第二节 英语,为着丰富而饱满的人

《义务教育英语课程标准(2011年版)》中明确指出,义务教育阶段英语课程的总目标是通过英语学习使学生形成初步的综合语言运用能力,促进心智发展,提高综合人文素养。综合语言运用能力的形成建立在语言技能、语言知识、情感态度、学习策略和文化意识等方面整体发展的基础之上。语言技能和语言知识是综合语言运用能力的基础;文化意识有利于正确地理解语言和得体地使用语言;有效的学习策略有利于提高学习效率和发展自主学习能力;积极的情感态度有利于促进主动学习和持续发展。① 总的来说,就是要让英语学习情智同修,在英语学习中融入情感智慧的萌芽,再给予足够的时间和养分让它成长。

一、学科课程总体目标

义务教育阶段英语课程目标将学生在语言技能、语言知识、情感态度、学习策略和文化意识等五个方面应该达到的综合行为表现划分为五个级别,其中初中阶段的课程目标对应三级、四级和五级。

三级目标:对英语学习表现出积极性和初步的自信心。能听懂有关熟悉话题的语段和简短的故事。能和教师或同学就熟悉的话题(如学校,家庭生活)交换信息。能读懂小故事及其他文体的简单的书面材料。能参照范例或借助图片写出简单的句子。能参与简单的角色扮演等活动。能尝试使用适当的学习方法,克服学习中遇到的困难。能意识到语言交际中存在文化差异。

四级目标:明确自己的学习需要和目标,对英语学习表现出较强的自信心。能在所设日常交际情景中听懂对话和小故事。能就熟悉的生活话题交流信息和简单的意见。能读懂短片故事。能写便条和简单的书信。能尝试使用不同的教育资源,从口头和书面材料中提取信息,扩展知识,解决简单的问题并描述结果。能在学习中互相帮助,克服困难。能合理计划和安排学习任务,积极探索适合自己的学习方法。在学习和日常交际中能注意到中外文化差异。

五级目标:有较明确的英语学习动机和积极主动的学习态度。能听懂教师有关熟悉话题的陈述并参与讨论。能就日常生活的各种话题与他人交换信息并陈述自己的意见。能读懂供7—9年级学生阅读的简单读物和报刊、杂志,克服生词障碍,理解大意。能根据阅读目的运用适当的阅读策略。能根据提示起草和修改小作文。能与他人合作,解决问题并报告结果,共同完成学习任务。能对自己的学习进行评价,总结学习方法。能利用多种教育资源进行学习。进一步增强对文化差异的理解和认识。

---

① 中华人民共和国教育部. 义务教育英语课程标准(2011年版)[S]. 北京:北京师范大学出版社,2011:8.

初中阶段英语课程这三个级别的目标不是各自独立的,它们是逐渐递进、循环上升的有机整体,依据学生的生理和心理特点,多维度、全面地不断提升学生的思维品质,促进情感与智慧的双重进步。

二、学科课程年段目标

为更好地实现课程目标,将情感与智慧的萌芽融入日常的英语学习中,结合初中英语教学内容和我校学生实际情况,设置了我校的课程各年级具体目标。这里,我们以八年级为例说明(见表3-1)。

表3-1 上海市南汇第二中学英语学科八年级教学内容及目标分析表

年级	单元	教学内容	教学目标
八年级上册	Unit1 Penfriends	Reading: A letter from a penfriend	1. 阅读 A letter from a penfriend,了解信的基本构成格式 2. 根据上下文提供的语言环境,猜测生词的意思
		Grammar: Asking Wh-questions and How questions; Using a and an	3. 根据对话提供的语境,理解 who, where, when, what, how many, how old 的提问内容 4. 利用例句,理解不定冠词 a 和 an 之间的区别
		Listening: John's classmates	5. 听 John 的老师描述他的同学们的外貌,获取关键信息 6. 学会在听力时,对关键词做好笔记,并利用笔记来解决问题
		Speaking: Intonation of Wh-/How questions and sentences expressing surprise; Introducing a friend	7. 在使用特殊疑问词进行提问时,能使用正确的语调 8. 学会抓住人物基本信息和特征,向同学们介绍一个朋友
		Writing: A letter to a penfriend	9. 正确写出信的基本格式和框架 10. 学会信封的书写方式
		More practice: Anna's blog	11. 阅读 Anna's blog,获取主要信息 12. 根据文章中 Anna 的性格特点,推测 Jason 和 Mandy 是否愿意做她的笔友

第三章　立体英语：打开瞭望世界的窗口

续表

年级	单元	教学内容	教学目标
	Unit2 Work and play	Reading：A day in the life of... Whizz-kid Wendy	1. 阅读Work and play，了解"神童"Wendy一天的日常生活 2. 根据上下文提供的语言环境，猜测生词的意思
		Grammar：The simple present tense；Adverbs and adverbial phrases of frequency	3. 通过讨论自己的日常生活，了解一般现在时用于描述经常、反复发生的事情 4. 了解常用的一些频率副词和词组
		Listening：Jack's weekends	5. 听Jack's weekends，了解Jack周六一般在什么时间会做什么事情 6. 学会在听力时，关注时间的表达，并将关键词记录下来
		Speaking：Intonation of Yes/No questions and sentences showing politeness；Talking about a classmate's daily life	7. 在使用一般疑问句进行提问时，能使用正确的语调 8. 学会用调查表获得信息，并利用相关信息介绍一位同班同学
		Writing：A day in Megan's life	9. 理解本单元中对人们日常生活进行描述的顺序和方法 10. 根据图片和提供的关键词，用一般现在时写下Megan一天的生活
		More practice：Sandy's blog：A day in my life	11. 阅读Sandy's blog：A day in my life，了解Sandy一天的日常生活 12. 根据文章语境猜测词意，并选择单词释义
	Unit3 Dealing with trouble	Reading：Dealing with trouble	1. 阅读文章Dealing with trouble，理解日记的内容 2. 根据篇章中句子语境猜测词义，并选择单词释义 3. 通过阅读文章，学会当他人遇到麻烦、困难时，用正确的方式来帮助他人
		Grammar：The simple present tense；Adverbial phrases for the past	4. 利用文章提供的语言环境，理解一般过去时用于描述过去发生的事情 5. 掌握动词过去式的变化方式 6. 了解一些表示过去时间的副词和词组

续表

年级	单元	教学内容	教学目标
		Listening：Descriptions of thieves	7. 听 Descriptions of thieves，抓住人物特征，辨认出两名小偷
		Speaking：/t/，/d/，/id/；Who was I?	8. 掌握-ed 在不同动词后的三种不同发音 9. 介绍一位历史上的名人，让其他学生猜出他的名字
		Writing：Judy's diary	10. 正确使用一般现在时和一般过去时，根据图片和关键词提示，补全 Judy 的日记
		More practice：The funny side of police work	11. 阅读 The funny side of police work，了解文章主要内容 12. 根据文章语境猜测词意，并选择单词释义
	Unit4 Numbers：Everyone's language	Reading：Numbers：Everyone's language	1. 阅读说明文 Everyone's language，了解数字及其历史 2. 根据篇章中句子语境猜测词意，并选择单词释义
		Grammar：Cardinal and ordinal numbers；Decimals and fractions；Instructions and statements about numbers；Imperatives	3. 了解不同的数字类型：基数词、序数词、小数和分数 4. 知晓四种算式的基本表达 5. 学会使用祈使句表达指示、命令和建议
		Listening：A quiz about numbers	6. 听与数字相关的语境，了解并分辨不同类型的数字
		Speaking：Saying different kinds of numbers；Discussing things to buy for our school	7. 学习用正确的方式，说不同类型的数字 8. 在预设语境中，讨论、选择需要为学校购买的三样东西，并说明理由
		Writing：Traffic accidents	9. 能读懂简单的图表 10. 用本单元学的数字来描述图表中数据的变化
		More practice：Numbers around us	11. 通过完成与数字相关的测试和游戏，进一步了解数字在生活中的重要作用

续表

年级	单元	教学内容	教学目标
	Unit5 Look it up!	Reading：Look it up!	1. 阅读从百科全书中摘录的三篇短文，了解相关的内容 2. 根据篇章中句子语境猜测词意，并选择恰当单词完成句子 3. 培养学生利用百科全书寻找信息的习惯
		Grammar：Countable and uncountable nouns；Using another and other(s)	4. 通过例句，了解可数名词和不可数名词的区别 5. 学会使用 another 和 (the) other(s) 来指代其他的人或物
		Listening：Dr Sun Yat-sen's Mausoleum	6. 听 Dr Sun Yat-sen's Mausoleum，获取关键信息 7. 学会在听力的时候，将关键信息做好笔记
		Speaking：/s/，/z/，/is/；Discussing your favorite cartoon character	8. 掌握可数名词复数尾音的三种不同发音 9. 讨论最喜欢的卡通人物并学会使用特殊疑问词获取相关信息
		Writing：A short story competition	10. 选择正确的时态，根据图片和提供的关键词补全故事 11. 让学生为故事补上一个结尾，培养学生的想象能力
		More practice：The giant panda	12. 阅读文章 The giant panda，获取主要信息 13. 根据文章语境猜测词意，并选择单词完成句子
	Unit6 Nobody wins(I)	Reading：Caught by Gork	1. 阅读文章 Caught by Gork，了解 Captain King 的冒险经历 2. 根据篇章中句子语境猜测词意，并选择恰当单词完成对话 3. 通过阅读文章，培养学生探索宇宙的兴趣
		Grammar：The simple future tense (will)；The simple future tense (be going to)；Adverbs and adverbial phrases for the future；Asking questions using question tags	4. 利用文章提供的语言环境，理解一般将来时用于描述将来发生的事情 5. 掌握一般将来时态的基本结构 6. 知晓一些表示将来时间的副词和词组 7. 学会使用反义疑问句获取信息

续表

年级	单元	教学内容	教学目标
		Listening：Gorkella's visit to Shanghai	8. 听 Gorkella's visit to Shanghai，获取关键信息 9. 学会利用图片对听力内容进行预判和猜测
		Speaking：Expressing definite and indefinite intentions; giving advice and suggestions; Planning a birthday party	10. 能准确表达明确或不明确的意图 11. 能使用相应的句子结构，给对方提建议 12. 讨论，策划一个生日聚会，提出自己的建议
		Writing：Holiday on Holiday Island	13. 能对数据进行分析并根据分析结果做出正确的选择 14. 利用常识设计恰当的活动安排 15. 能准确使用一般将来时完成假期活动安排
		More practice：Aliens land on our world	16. 阅读 Aliens land on our world，获取关键信息 17. 根据文章语境猜测词意，并为单词匹配正确的释义
	Unit7 Nobody wins(Ⅱ)	Reading：Escaping from Gork	1. 阅读文章 Escaping from Gork，获取关键信息 2. 根据篇章中句子语境猜测词意，并选择单词释义
		Grammar：Prepositions of location; Using some and any; Using somebody, someone, something, etc.; Exc-lamations	3. 学会使用不同的介词描述不同的位置关系 4. 正确使用 some, any, something, anything 5. 掌握感叹句的基本结构，并学会使用感叹句对相关情况进行描述
		Listening：Captain King's life and work	6. 听 Captain King's life and work，获取关键信息
		Speaking：Syllables; Lost on PlanetX	7. 了解音节的基本定义，并学会确定单词的音节个数 8. 讨论，选择八样能帮助返回基地的东西，按重要性依次排序，并说明理由
		Writing：An eyewitness report	9. 学会根据图片和关键词提示，写一则新闻报道
		More practice：Nobody knows	10. 阅读 Nobody knows，获取关键信息 11. 根据篇章中句子语境猜测词意，匹配正确的图片

续表

年级	单元	教学内容	教学目标
八年级下册	Unit1 Trees	Reading：Pollution fighters	1. 阅读文章 Pollution fighters，了解树木对环境的重要作用 2. 知道一次完整的采访是如何开始，如何推进的 3. 根据篇章中句子语境猜测词意，选择单词释义 4. 培养学生保护环境，爱护树木的意识
		Grammar：The present continuous tense	5. 利用相关例句，理解一般将来时用于描述正在发生的事情 6. 学会使用现在进行时描述正在发生的事情 7. 掌握动词现在分词的基本构成方法
		Listening：A poster about tree-planting	8. 听对话，获取关键信息
		Speaking：Word linking； Ways to fight pollution	9. 了解连读的基本方法 10. 学会使用连读正确朗读句子
		Writing：A newspaper article on a new outdoor area	11. 讨论，选择5种减少污染的方式，按重要性排序，并说明理由
		More practice：Trees for Life	12. 阅读 Trees for Life，进一步了解树木对于环境的重要作用 13. 培养学生保护环境，爱护树木的意识
	Unit2 Water	Reading：Water talk	1. 阅读文章 Water talk，了解水循环的相关知识 2. 了解文章采用拟人化的手法让一滴水像人一样说话 3. 根据篇章中句子语境猜测词意，并选择单词释义 4. 让学生知道水来之不易，培养节约用水的好习惯
		Grammar：Talking about amounts	5. 学会使用正确的数量词来描述可数名词和不可数名词的数量 6. 掌握 how many 和 how much 分别用于提问可数名词和不可数名词的数量
		Listening：The journey of a coin	7. 听 The journey of a coin，了解文章大意，为图片排序

续表

年级	单元	教学内容	教学目标
		Speaking：Word linking (II)；The use of water	8. 了解爆破音和失爆的相关知识 9. 在朗读单词、词组和句子的时候，正确处理失爆的情况
		Writing：Making flow chars	10. 学会使用流程图一步步展示事情的变化发展过程
		More practice：More information about water	11. 阅读文章 More information about water，进一步了解水的知识 12. 培养学生保护环境、节约用水的习惯
	Unit3 Electricity	Reading：A dangerous servant	1. 阅读文章 A dangerous servant，了解电的基本知识 2. 根据篇章中句子语境猜测词意，并选择单词释义 3. 知道故事构成的基本要素 4. 培养学生珍惜能源、节约用电的好习惯
		Grammar：Modal verbs：can, must, may；Object clauses	5. 掌握情态动词 can, must, may 的基本用法 6. 了解 that 引导的宾语从句基本形式和结构
		Listening：Electrical appliances in Benny's flat	7. 听 Electrical appliances in Benny's flat，根据要求抓住具体信息
		Speaking：Word linking (III)；Safety at home	8. 了解连读的基本方法 9. 使用连读，正确朗读句子
		Writing：Making rules	10. 讨论制定班级规则 11. 树立学生遵纪守法的意识
		More practice：Electricity works everywhere	12. 阅读 Electricity works everywhere，进一步了解电的用途 13. 根据篇章中句子语境猜测词意，并选择单词释义
	Unit4 newspapers	Reading：A new newspaper	1. 阅读 A new newspaper，了解校报的创办方式和人员分工 2. 根据篇章中句子语境猜测词意，并选择单词释义

续表

年级	单元	教学内容	教学目标
		Grammar：Modal verbs：should，ought to；Object clauses(Ⅱ)	3. 掌握情态动词should，ought to的基本用法 4. 了解if/whether引导的宾语从句的基本形式和结构
		Listening：My most exciting day	5. 听My most exciting day，学会根据录音校对文章内容
		Speaking：Expressing congratulations，compliments and sympathy；Arranging an interview	6. 掌握祝福，评价和同情的基本表达方式 7. 学会如何计划安排一次采访
		Writing：Arthur's second report	8. 准确使用一般现在时，一般过去时和一般将来时分别描述经常发生，过去发生和将来发生的事情
		More practice：Benjamin Franklin	9. 阅读Benjamin Franklin，了解本杰明富兰克林的一生 10. 根据篇章中句子语境猜测词意，并选择单词释义
	Unit 5 Magazine articles	Reading：Blind man and eyes in fire drama	1. 阅读Blind man and eyes in fire drama，获取文章主要信息 2. 根据篇章中句子语境猜测词意，并选择单词释义 3. 了解一定的消防知识，提高学生遇到危险时的自救能力
		Grammar：Using pronouns；Adverbial clauses	4. 掌握人称代词和形容词性所有格的基本用法 5. 了解状语从句的基本结构和作用 6. 准确使用不同从属连词来引导时间状语从句，原因状语从句和让步状语从句
		Listening：A floor plan	7. 听对话，获取房间的位置信息
		Speaking：Giving warnings；The importance of the five senses	8. 学会禁令表达的基本结构，并用准确的方法说出禁令 9. 讨论人的五种感官在人类生活中的重要作用
		Writing：Describing a hotel room	10. 根据要求，确定各个家具的位置，并正确布置房间

续表

年级	单元	教学内容	教学目标
		More practice：Scientist discovers a sixth sense	11. 阅读 Scientist discovers a sixth sense，获取主要信息 12. 根据篇章中句子语境猜测词意，并选择单词释义
	Unit 6 Travel	Reading：France is calling	1. 阅读 France is calling，了解法国的主要城市和著名景点，整理并汇报所获得的信息 2. 根据篇章中句子语境猜测词意，并选择单词释义
		Grammar：using the；using conjunctions：and，but，so	3. 利用图片，理解定冠词 the 表示特指，识别图片中的人物 4. 在篇章语境中，学习并列连词 and，but，so 的用法规则，并尝试连接句子
		Listening：The Eiffel Tower	5. 听 The Eiffel Tower 的说明文，获取关键信息
		Speaking：Asking and giving directions；A holiday plan	6. 讨论、选择独家目的地，并说明理由
		Writing：Holiday postcards	7. 搜集整理本单元所获得的景点介绍信息 8. 写旅游明信片，介绍旅游景点和自己的感受
		More practice：The Leaning Tower of Pisa	9. 阅读 The Leaning Tower of Pisa，获取主要信息 10. 根据篇章中句子语境猜测词意，并选择单词释义
	Unit 7 Poems	Reading：My dad at home and at work；My school	1. 阅读两首诗 My dad at home and at work；My school，了解诗的基本内容 2. 根据篇章中句子语境猜测词意，并选择单词释义 3. 了解诗歌押韵的基本知识
		Grammar：Using who and whose；Using mine，yours，his，hers，ours，theirs；Using one and ones	4. 学会正确使用疑问代词 who，whose 进行提问，并做出相应的回答 5. 掌握名词性所有格 mine，yours，his，hers，ours，theirs 的正确使用方法 6. 学会使用代词 one 代替单数可数名词，ones 代替复数名词

续表

年级	单元	教学内容	教学目标
		Listening：A typhoon	7. 聆听诗歌 A typhoon，并学会利用诗歌押韵特点，找出存在的错误
		Speaking：Showing concern；making, accepting and rejecting a suggestion；Good friends and parents	8. 学会如何正确表达关心，提出建议，接受建议和拒绝建议 9. 讨论，选择作为朋友和父母最重要的六种品质，按重要性依次排序，并说明理由
		Writing：A poem about my class	10. 参照 reading 的两首诗，根据正确押韵，补全 a poem about my class
		More practice：Never a dull moment	11. 阅读诗 Never a dull moment，获取诗的具体信息 12. 根据篇章中句子语境猜测词意，并选择单词释义

第三节 透过英语之窗看世界缤纷

"立体英语"课程要满足全体学生全面多维度的终身发展需求，本着趣味、多样、探索、可持续的原则，开展有声有色的课程。通过课程引导学生愉悦地探索世界，提升学生的英语素养，促进学生优秀学习品格的形成。

一、学科课程结构

根据《义务教育英语课程标准（2011 年版）》，英语学科课程包含"语言技能、语言知识、情感态度、学习策略和文化意识"五个方面。结合我校"立体英语"课程理念，我校英语学科课程分为"倾听世界、言说世界、悦读世界、描绘世界和探索世界"等内容板块（见图 3-1）。

图 3-1 "立体英语"课程结构图

1. 倾听世界。无论母语还是第二语言,语言学习最初的方式就是感知,而感知最直接有效的方式就是大量的语音输入,即听。如今科技和网络的发达,使得大量的试听资源能为英语课堂所用。除了课本自带的音频文件,我们可以根据每个年级不同的特征、每个单元不同的主题,为学生选择或重组丰富多彩的视听资料,激发学生学习兴趣的同时,更能够通过多样化的形式,多元化的内容,全方位、多层次地对学生进行语言的输入。我们为低年级的学生准备了韵律感十足的儿歌,为高年级学生准备了经典的音乐及影视作品;通过听新闻引导学生关注世界大事;通过听伟人的演讲帮助学生感知力量,洗涤心灵。

2. 言说世界。语言学习的最高境界就是善表达。经过足量的感知浸润之后,我们就要鼓励并引导学生用英语表达自己。当然,最基础的语音语调的模仿训练是不可或缺的。趣配音,模仿秀不仅能激发学生的学习兴趣,也能很好地纠正发音,并逐步培养英语思维习惯。进入高年级后,学生们需融入自己的创作,进行自主表达。述文、演讲都能有效激发学生的表达欲望,提升表达能力。

3. 悦读世界。阅读是与世界交流的最佳方式。在大量的阅读过程中，学生认知知识，存储记忆，对所读信息进行逻辑加工，进而发展思维能力，提升思维品质。我们鼓励学生进行原版文字的泛读，根据初中不同年级学生的年龄特点，引入了自然科学方面的 Wonder Why，Reading Explorer 系列，人文方面的图书馆系列原版书籍，采用阅读档案袋的形式鼓励学生记录阅读轨迹，梳理知识体系，拓展思维能力。

4. 描绘世界。近年来，写作教学在英语教学中的重要性日益增强。上海市中考的写作分值由十年前的 10 分增加到了如今的 20 分。而在四个学习技能中，写作对学习者的要求是最高的，但往往也是学生最畏惧的。因此，保持写作的兴趣，学习系统的写作方法就显得尤其重要。我们从六年级开始就根据教材的编排体系，划分不同的体裁，以不同的主题开展写作课程，鼓励学生用自己的笔尖描绘自己眼中的世界。

5. 探索世界。读万卷书，行万里路。体验和经历无疑是最好的学习方式。玩是孩子们的天性，将语言的学习融入各种玩的活动中，我们通过立体节日的相关课程，创造条件让学生体验不同的文化。同时，组织各种形式的游学活动，让学生能更深入地了解不同国家的文化习俗和社会现象，逐步形成自己的文化自信，增强对民族文化的认同感。

二、学科课程设置

围绕"立体英语"学科课程理念，我校 6—9 年级 8 个学期拓展类课程设置如下（见表 3－2）。

表 3－2　上海市南汇第二中学英语学科拓展课程设置表

年级/课程		倾听世界	言说世界	悦读世界	描绘世界	探索世界
六年级	6A	Nursery Rhyme1	Phonics Time	第一图书馆系列(A) Wonder Why(A)	Worth Recording (1)	Taste the World
	6B	Nursery Rhyme2	Dubbing Room	第一图书馆系(A) Wonder Why(B)	Worth Recording(2)	

续表

年级/课程		倾听世界	言说世界	悦读世界	描绘世界	探索世界	
七年级	7A	Students news/ Classic music	Talk Time/ Story time	第二图书馆系列(A) Reading Explorer (Foundation)	I Know How (1)	Amazing Places	游学之旅；学科发展月
	7B	Students news/ Classic music	Talk Time/ Story time	第二图书馆系列(B) Reading Explorer(1)	I Know How (2)		
八年级	8A	Classic Videos/ Students' News	Speech Time/ Drama Show	第三图书馆系列(A) Reading Explorer (2)	Worth Recording(3)	Explore the Culture	
	8B	Classic Videos/ Students' News	Speech Time/ Drama Show	第三图书馆系列(B) Reading Explorer (3)	Worth Recording(4)		
九年级	9A	Students' News/ TED	Speech Time	Reading Explorer (4)	In My Eyes (1)	Explore the Culture	
	9B	Students' News/ TED	Speech Time	Reading Explorer (5)	In My Eyes (2)		

第四节 让世界成为英语学习的课堂

《义务教育英语课程标准(2011年版)》指出：英语学习要"注重语言实践，培养学生的语言运用能力；加强学习策略指导，培养学生自主学习能力；培养学生的跨文化交际意识，发展跨文化交际能力；结合实际教学需要，创造性地使用教材；合理利用各种教学资源，提高学生的学习效率；组织生动活泼的课外活动，拓展学生的学习渠道。"[1]因此，"立体英语"的学科课程，应以学生为主体，基于学生的学习现状及需求，并最终指向学生的全面终身发展。我们在充分了解课程内容，进行学情调研的基础上，本着趣味性、多样性、探索性、发展性的原则，从以下五个方面打造"立体英语"学科

---

[1] 中华人民共和国教育部. 义务教育英语课程标准(2011年版)[S]. 北京：北京师范大学出版社，2011：25.

课程。

一、建构"立体课堂",提升英语课堂效能

"立体课堂"是教与学处于平衡、协调、和谐的发展状态的课堂。建构"立体课堂",就要提升学生对英语学习的兴趣和热情,积极、主动学习不同的知识和文化;促进学生扩散思维,激发和保持学习的动力,培养自主学习的能力;鼓励学生由课本走向社会,扩大知识面,感知不同文化的差异,把所学的课本知识融入到社会生活中。为了更好地提升课堂趣味性和英语教学质量,提高语言学习的实际运用性,建构英语"立体课堂"是十分必要的。

(一)"立体课堂"的实践与操作

1. 立体的教学目标。立体课堂的教学目标是多元的,能体现英语课程工具性和人文性并重的特点。除语言交流之外,还包括了思维认知和社会文化等方面,最终指向塑造立体的、完整的人。

2. 丰富的教学内容。英语课堂的教学内容立足于文本,但又不仅限于文本。根据学生的实际学情、学习能力和学习需求,结合每个学年、每个学期课程文本的不同内容和要求,进行适当的补充和侧重。根据课程标准和中考改革的方向,六年级的课堂教学侧重听说,主要培养和训练学生的语音、语调。七年级在强化语音、语调的基础上,注重对学生语法的训练,为能灵活、熟练、准确运用语言打下基础,慢慢由输入型学习转变为输出型学习。八年级强调读写,提升学生的自主阅读能力和语言运用能力。九年级突出听、说、读、写、看五大技能的综合运用,为中考做好充足的准备。

3. 多元的教学方式。语言的学习要注重交流,不论是师生之间还是生生之间。课堂趣味小游戏,例如 Gallery Walk, A hang man, Bingo 等,提问回答、同桌对话、小组讨论、角色扮演、调查问卷、话题辩论等,都是以突出学生的思考和口头表达能力为

重点的课堂活动的不同组织形式。在课堂上，根据学习要求和内容的不同，可利用不同的分组类型组织学生实行小组化合作学习。此外，除了传统教授和小组合作，还可以参考教学实际，选择探究学习、自主学习。尤其是在高年级侧重读写的教学阶段，自主化的深入阅读更有利于学生对于文本的解读和理解。

4. 多彩的教学活动。英语，作为一种重要的交流沟通工具，具有较高的使用率和广泛的社会性。英语学习不应该只局限在课堂中，更需要课堂外的延伸、巩固和使用。为了更好地帮助低年级学生，尤其是六年级学生，打好语音、朗读的基础，我们鼓励学生在家多听多练，每天进行必要的朗读，并设置语音、朗读闯关活动，力求每个学生能在起始学年打好基础，拒绝"哑巴英语"。每一学年，我校会开设不同类型的英语拓展课，像"英语经典阅读""英语原版影视赏析"等，为喜欢英语学习或是对西方文化感兴趣的同学推荐好文阅读、好剧欣赏，让他们感受语言、文字的魅力。每年12月为我校的英语学科发展月，在本月中，教研组会针对不同年级学生的学习能力和年龄特点，推出不同的活动。如六年级的英语歌曲擂台赛、七年级的趣味配音、八年级的英语阅读小报设计等，鼓励学生参与课堂以外的学习，尝试各种不同的活动，体验英语学习的乐趣，锻炼自我挑战的勇气。

5. 多样的教学资源。网络技术的发展为我们提供了海量资源。老师根据所要教授的内容，采用诸如图片、音频、视频、flash动画、补充文本等资源，提升课堂的趣味性和丰富性。牛津版英语教材六、七年级第一学期都有关于"职业"的教学内容，老师就可以选用节奏轻快、朗朗上口的歌曲"Be What You Wanna Be"作为课堂的导入，既与教学内容完美融合，又能成功吸引学生的注意力和提升学习兴趣。

（二）"立体课堂"的评价标准

"立体课堂"的评价主要围绕教学目标、教学内容、教学过程、教学效果、教师素养等方面，体现立体多维的评价意识（见表3-3）。

表3-3 上海市南汇第二中学"立体课堂"评价表

主题	评价指标	得分 10—9	8—7	6—5	4及以下
教学目标	教学目标明确、具体、清晰、适度、符合学科课程标准和学生学习实际。				
教学内容	教学内容正确充实、积极正面、联系实际,符合学生认知规律,突出教学的重点和难点。				
	能利用、整合教学资源,凸显语言学习的基本功能和作用。				
教学过程	能激发学生学习兴趣和积极性。学生学习主动、积极、自主,勇于提问,敢于质疑,能发表自己的看法。				
	以学生为本,关注全体,重视学法指导,注重启发和指导。教学方式多样、多元、灵活、生动。				
	教学环境和谐、有序。课堂氛围热烈,注重师生、生生间的交流和互动。				
教学效果	学生感觉愉悦,能理解、掌握所学的知识和内容。				
教师素养	教学基本功扎实,多媒体技术运用得当。				
	学科功底扎实,知识面丰富,对待教学有热情、干劲。				
	临场反应能力强,能根据实际课堂进行及时必要的调整和修改。				
总分					
备注	累计得分85分及以上为优,75—84分为良,60—74分为中,60分以下为需努力。				

二、建设"立体课程",丰富英语课程内容

"立体课程"的建设应用了多样化的策略开展实施和多维度的方式进行评价,以丰富的英语课程内容为基础,为学生提供浸润式的语言学习体验,提高学生用英语感知世界的兴趣,继而激发每一位学生持续学习英语的兴趣和热情。积极推进"立体课程"的建设,有助于进一步促进学科课程目标的达成。

(一)"立体课程"的实施

"立体课程"由五大类特色课程组成,分别是倾听世界、言说世界、悦读世界、描绘世界和探索世界五大类。

1. 倾听世界。每周三次,课程时间放在周一、周三和周五的午间自习课,以校园广播或班级广播的形式播放英语童谣、校园新闻、经典英文歌曲和全球时事新闻等英文音视频材料,营造自然常态化的英语语言环境和氛围。

2. 言说世界。利用英语早读或者课前的五分钟,以个人或者小组的形式,自选话题,不拘形式,进行展演。每年的学科发展月中,学生们参加演讲、脱口秀、配音、话剧表演等各种活动,用自己的语言表达对世界的感受。

3. 悦读世界。学校开展丰富的阅读活动。课内指导、课外实施的英语泛读活动已经开展了5年。利用阅读档案袋记录学生课外自主阅读轨迹。通过各种形式的阅读活动,如共读小组、阅读小报等开展交流,丰富学生们的阅读体验,通过文字感知世界。

4. 描绘世界。从六年级到九年级,开设专门的写作指导课,通过"话题""文体"两个系列阶梯式的训练,帮助学生由词到句,由句到篇地掌握写作技巧,并形成用英语表达的习惯。开展自评、互评、师评的过程性写作评价方式。并定期对优秀作品进行展出。

5. 探索世界。利用每周三的拓展课时间,在教师的指导下,选定探究主题,学生以小组形式利用网络或图书馆进行资料收集,最后对探究成果进行汇报演讲。另外,每年一次,学生利用暑期出国游学的机会,走出国门,领略异国他乡不同的风土人情,培养国际化的宽视野和海纳百川的宽胸怀。

(二)"立体课程"的评价

"立体课程"的评价对课程的开设资格、学科团队的建设发展、学生的学习效果制定明确的评价机制,充分反映了立体多维的评价核心。

学校课程开发中心小组设置了完善的课程方案评价量表,分别从课程设立的意义、课程目标的确定、课程内容及课程评价等方面对新课程进行可行性的考核评估,而且每个方面都有十分详细的考评条目和要求,并设置了相应的考评分值,考评涉及教师的自我评价、学生的反馈评价和课程开发中心小组评价三个方面。最后,学校综合三方面的分数,给新课程方案确定评级:90及以上为积极推进课程,即可以立即推进该课程的实施;80分—90分为修改实施课程,教师需要根据考评结果做进一步的修改和调整,而后再开展实施;80以下为暂不实施课程,如果教师能根据情况做恰当修改,经过课程开发中心小组研究认可的,可以先试运行一期,根据试运行的结果再决定课程实施的可能性(见表3-4)。

表3-4 上海市南汇第二中学"立体课程"评价量表

评价项目	评价具体要求	分值	教师自我评价	中心小组评价
课程的意义	与国家课程、上海市地方课程的联系紧密	5		
	有助于学生学科核心素养的形成	5		
	有助于学生养成正确的人生观、价值观和世界观	5		
	有助于文化自信的形成	5		
课程的目标	课程目标明确而清晰	7		
	能够体现"立体英语"的理念和英语学科的核心素养	7		
	体现学生个性化发展,促进学生多元智能开发	6		
课程的内容	课程内容逻辑严密,条理清晰	7		
	内容与时俱进,能联系当下高新科技、社会热点	7		
	具有较强的启发性和一定的思辨性	6		
课程的评价	具备较强的可操作性,评价客观、有效、多维,具有激励作用	20		
学生的评价	对本课程有兴趣,愿意参加,能够满足自身需要并拓宽知识面	20		
总评				

三、创设"立体平台",完善英语学习方式

丰富课程资源,拓展英语学习渠道是英语课程的基本要求。语言学习需要大量的输入,丰富多样的课程资源对英语学习尤其重要。英语课程应根据教和学的需求,提供贴近学生、贴近生活、贴近时代的英语学习资源。创造性地开发和利用现实生活中鲜活的英语学习资源,积极利用音像、广播、电视、书报杂志、网络信息等,拓展学生学习和运用英语的渠道。所以我们需要给学生们搭建更多的学习平台,让英语学习不再平面化、单一化,而是有立体维度的,在不同的平台,锻炼他们不同的能力并促进能力的互融。

(一)"立体平台"的实践与操作

1. 创设英语角,鼓励积极交流。学生们首先要明确来英语角的目标,不同阶段的学生来英语角的目的和目标是不一样的。如果是英语口语基础比较好的学生,那么他们关注的是能够有更多的机会用英语进行交流,从而得以锻炼自己的交际能力,扩大人脉圈。如果是基础中等的学生,那么他们的重点在于口语练习,不断地听说,训练巩固。如果是口语基础比较差的学生,急需解决的问题便是突破开口说英语的障碍。在参加英语角前督促学生做好准备,避免英语角中哑口无言的情况。然后引导学生合理配对,多多交流。

此外,每次活动不是随性而至的,而是有一个明确具体的主题。结合我们课本当中的每个单元进行拓展和训练。老师会把相关的英语学习资料下发给每一组的小组成员,让学生做到有话可说,有备而谈。评价环节中,教师采用过程性的评价机制来记录评价学生的交流情况,肯定学生取得的每一点进步,鼓励学生成为英语角的常客,积极参与英语角的交流和讨论,充分发挥平台作用。

2. 推进空中课堂,鼓励自主学习。充分利用线上教学资源。线上优秀教师及教学资源让学生的学习不再拘泥于书本和教室。我们给学生推送相关的网络学习内容,

满足他们个性化的发展需求。教师也自行拍摄不同主题的微课帮助学生进行学习。内容包括语言知识、学习策略、管理策略等。学生可根据自身的需求,在课余时间选择适合自己的学习内容进行自主学习。

3. 利用英语软件,助力多维发展。现在线上的英语学习 APP 为我们提供了许多高效的学习途径。我校主要运用以下 APP 助力学生学习:一是利用单词背诵类软件帮助学生扩大词汇量,学生通过打卡的形式完成不同类型的单词练习,并通过小组合作竞争机制保持单词学习的动力。二是利用口语练习软件帮助学生正音,学生通过模仿、检测等方式不断改善自己的语音语调。三是利用配音软件自主选择喜欢的歌曲或者是片段进行配音练习,并且可以自行组队,进行电影片段配音,系统自动生成的评价和教师口头的评价相结合,形成非常有时效性的评价。对于他们音频作业中出现的错音,老师可以及时地给予纠正。

(二)"立体平台"的评价标准

在提供学生"立体平台"学习英语的过程中,如何进行评价是很关键和重要的一点。评价体系的好坏很大程度上会影响学生使用平台的频度及效率。我们希望通过评价,引导学生积极参与,并根据评价进行反思和改进。因此立体平台的评价以过程性评价为主,将线上系统自动评价和线下师生评价相结合,帮助学生们更快融入平台的使用中去,学有所得(见表 3-5)。

表 3-5 上海市南汇第二中学"立体平台"学习评价表

评价项目	评价内容	评价等级(A 优秀 B 良好 C 一般)			
		自评	互评	师评	总评
英语角	活动参与度				
	英语技能(发音、表达等)				
	小组合作的参与度				

续表

评价项目	评价内容	评价等级 （A 优秀 B 良好 C 一般）			
		自评	互评	师评	总评
空中课堂及 APP 使用	使用频率				
	熟练程度				
	交流互动频率				
	使用效率				

四、组建"立体社团"，发展英语学习兴趣

"立体社团"致力于营造轻松、欢乐的英语学习氛围和语言学习环境，通过丰富多彩的社团活动，为同学们提供用英语学习、交流以及展示的舞台。增强同学之间的情感交流，并尽可能多地为学生提供在公众面前表现自己的机会，发现英语学习的乐趣，找到学习英语的自信，是集交流性与学习性于一体的立体学习方式。

（一）"立体社团"的实践与操作

"立体社团"的教师团队方面考虑由教师自荐和学校聘任相结合的方式，一般而言，社团选配至少 2 名指导教师，以学校教师为主，当学校教师特长不能满足社团需求时，我们也考虑聘任专业人员或者有相关特长的家长，从而构成完善的社团教师指导体系。而学生方面，以学生的共同兴趣爱好为基础，以自愿报名与班主任、教师推荐相结合为原则。社团活动遵循一个指导思想"以学生为主体，教师为引导"，激发学习兴趣，激励学习热情，提高学习能力。

"立体社团"的活动内容多样性十足，边学习边娱乐，主要由"外国影视赏析""英语学习交流会""英语课本剧""英语辩论赛""英语刊物"等组成。比如"外国影视赏析"会组织社团成员赏析一些获奖电影，除了学习英语地道的口语表达外，更是以此为途径去了解外国的风土人情，并且通过对所观赏的电影台词进行解析，并交流对电影中的

情节或人物的感受,从而达到培养其表达能力和写作能力的目的。"英语学习交流会"则会不定期开展,由社团成员谈谈自己在学习英语上的见解和方法,包括成功案例、失败经验以及现阶段自己学习英语面临的困难。希望在交流中汲取他人学习英语的成功之处,不断地完善自己的学习方法。"英语课本剧"会引导学生编写课本剧剧本,自行排演话剧、小品等,充分发挥其创造性思维及逻辑思维,也加强其表达能力和合作能力。"英语辩论赛"会针对社会上的某一新闻或话题,指导学生每4人分一组进行英语辩论,鼓励学生课后进行资料收集和自我充实。"英语刊物"号召并组织同学每五人为一组负责一期,将所赏析电影的小报创作、电影赏析、学习方法以及教师对英语作文的修改原文等进行投稿,最终在评比之后整理编辑版面,打印成册,一般每月一刊,内容全部由社团成员决定。

(二)"立体社团"的评价标准

"立体社团"的组建是为了给学生提供多样的学习内容和活动方式,从而激发他们对英语的学习兴趣,所以评价标准以鼓励学生为主,体现评价的激励作用。在评价方式上采用自我评价、小组评价、教师评价三者相结合的评价体系,考查学生在社团活动中的各种表现,以优秀、良好、合格、须努力等第呈现。在评价类型上则采用日常性评价及成果性评价相结合的方式(见表3-6)。

表3-6 上海市南汇第二中学"立体社团"评价表

评估内容	评估标准	得分			
		自评	互评	师评	总评
日常性评价	出勤				
	课堂学习态度				
	小组合作的参与度				

续表

评估内容	评估标准		得分			
			自评	互评	师评	总评
成果性评价	影视赏析	A. 小报 { 1. 与电影相关 / 2. 图文并茂 / 3. 构图完整 }				
		B. 赏析 { 1. 内容贴切 / 2. 语言准确 / 3. 自我感受 }				
	课本剧	1. 剧本情节逻辑合理 / 2. 表演精彩,具感染力 / 3. 声音洪亮且按剧情变化 / 4. 服装道具等亮点				
	刊物出版	1. 内容完整 / 2. 图文齐全 / 3. 版面整洁 / 4. 新颖有趣				

五、推行"立体游学",落实研学旅行课程

游学的盛行是现代人越来越注重兼顾精神生活和拓宽视野、深入学习的重要表现。"读万卷书不如行万里路"正是对游学的深刻诠释。游学的英文表达是"Study Tour"或"Journey Education",是一项旅行和教育相结合的活动。英语游学是社会文明发展下的一种新的英语教学方式。

"立体游学"是我校根据《义务教育英语课程标准(2011年版)》,结合区域特色、我校办学理念、学生年龄特点和教学内容等方面的需要,以英语语言为载体,组织学生通过大集体或小团体旅行的方式,"走出"校园,参观异地名校、游览国内外的一些主要城

市和著名景点等,亲身体验国内外各地的风土人情,接受异域文化氛围熏陶,做到游和学相结合的英语语言学习课程。

(一)"立体游学"的实践与操作

"立体游学"总体可分为:"在线游学"和"实地游学"两个部分。

"在线游学"是变被动学习为主动学习,让学生自主地充分利用网络,查找并深入了解与英语教学内容相关的信息,在各大交互平台进行多元化研习,最终达到英语语言学习的目的。学生们在查阅、了解与英语教学内容相关的信息后,可以通过家校或师生交流的网络平台进行分享、交流、研讨,也可以通过学校公众号等正规、安全的网络平台展示研习成果。这样可以让学生感受研学的奇妙与魅力,大大激发学生英语学习、研讨的兴趣,多角度地了解教学内容,从而促进学生对英语教学内容的学习。因此,"在线游学"不受时空限制、不受手中现有纸质材料的限制,是一种自主、快速、广阔、有趣、有效的新型学习方式。

"实地游学"让英语学习走出课堂、走出校门、走进社会、走进自然,在一个自然环境或场所,为学生营造一个英语语言学习的氛围,让学生在亲自体验中学习英语,理解英语文化。"实地游学"形式多样,可以是国内游学,也可以是国外游学;可以是大集体式,也可以是小团体式;可以由学校统一筹划安排,也可以由家长、孩子根据学校的主题和要求自行组织安排。比如,国内游学可以根据学校英语教学的内容,选择与之相关的、合适的国内游学场所或环境,在合适的时间组织、指导学生们在自然环境或场所中,在创设的英语语言环境下,完成特定的英语语言学习任务。而国外游学可以利用寒暑假,由学校统一组织或由家长根据学校的任务要求,自行组织出国游学。组织者可以根据游学目标、游学的实际需要与可能,选择合适的游学地点,筹划恰当的活动,把学生置于一个真实的语言学习环境,比如让学生居住在普通的当地人家庭,和当地人生活在一起,同吃同住,通过这种浸入、渗透式学习来提升学生的英文表达能力,真正感受异国文化,拓宽学生的国际视野,达成英语语言、英语文化习得的目的。

(二)"立体游学"的评价标准

英语"立体游学"的评价由学生"过程性评价"和"成果性评价"两大部分组成。评价过程总体关注学生参与游学活动的积极性、规范性和游学活动的习得成果，同时也关注学生在活动中的自我认定、同伴评价和教师对学生的评价。"过程性评价"关注学生在一次游学经历中各个活动行程的出勤率、在各个活动行程中参与的规范度、团队合作中的配合度和积极性、个人表现的有效度；"成果性评价"分为"口头汇报总结"和"材料汇报总结"两部分，关注学生汇报总结的内容、语言和感受等。评价量表采取"计分"和"等第"相结合的方式。在评价表各个项目的自评、互评、师评部分采取"计分制"；在评价量表的总评部分采取"等第制"，总得分达到该项目总分的90%以上为A，80%以上为B，60%以上为C，60%以下为D(见表3-7)。

表 3-7 上海市南汇第二中学"立体游学"评价表

评价内容		评价标准	得分			
^	^	^	自评	互评	师评	总评 A、B、C、D
过程性评价		出勤：每个活动行程都参加(10分)				
^		活动参与的规范度：按时、有序参加各项活动；在规定的地点范围活动；参与过程注重安全，表现礼貌、文明等(10分)				
^		团队合作的配合度和积极性：在团队合作方面遵照合作要求；在合作中积极承担任务并出色完成(10分)				
^		个人表现的有效度：在每项活动中的发言或小任务完成出色(10分)				
成果性评价	口头汇报	内容：紧扣活动主题，健康、充实、生动，有深刻的自我感受(15分)				
^	^	语言表达：语言规范，条理清晰，口齿清楚，发音标准，语调自然(10分)				
^	^	流利程度：脱稿演讲；口头表达自然流畅(5分)				
^	^	汇报技巧：表达大方、生动，肢体语言等汇报表演技巧运用贴切(5分)				

续表

评价内容	评价标准	得分			总评 A、B、C、D
		自评	互评	师评	
材料汇报	内容：紧扣活动主题，健康、充实、生动，有深刻的自我感受(15分)				
	材料的整理、排版：条理清晰，图文并茂(10分)				
汇总					

"立体英语"，打开瞭望世界的窗口。我们以建设学科课程群为契机，注重教师专业素质的提升和教学理念的更新。在"立体英语"课程建设与实施的过程中注重价值引领，通过对课程理念、实施手段、评价方式的探索，优化课程结构，让同学们多维度、多层次地感受多元文化，接触立体饱满的英语，增强学习体验，提升思维品质和思辨能力，最终为学生未来适应世界的多极性打下基础，帮助塑造丰富饱满的人，进而实现学生的全面终身发展！

（撰稿人：柒静　瞿丹琪　朱丽珊　余倩　杨帆　黄婷　易红莉）

第四章

慧趣物理：感受物理的智趣和魅力

物理课程是以观察和实验为基础，以物理现象和规律、物理过程和方法为载体，以科学探究为主线，以提高学生的科学素养为目标的课程。物理学科的基础性和科学性决定了物理学习应崇尚自然，重视探索。学习物理不仅能够领略大千世界的神奇和智慧，还能获得科学探究的基本技能，理解物理与生活的紧密联系，感受物理的智趣和魅力。

上海市南汇第二中学物理学科教研组是一支具有专家引领、充满活力的专业队伍，是浦东新区优秀教研组。物理教研组秉承"厚基础、宽知识、求创新、抓实效"的教研理念，通过个人的自我反思、教师的同伴互助、专家的定期引领构建了合作共享的教研文化，实现了教学与研究的"共生互补"，物理教学水平在区域内名列前茅。物理组依据《上海市中学物理课程标准（试行稿）》进行课程构建，推进我校特色的"慧趣物理"课程群建设，取得了显著成效。

第一节　感受物理的神奇与智慧

一、学科性质

物理学是以物质基本结构、相互作用和基本运动规律为研究对象的自然科学，是人们认识物质世界本质，揭示物质世界规律，具有基础性和应用性的重要学科。物理学科与自然科学联系非常紧密，学习物理不仅可以让我们理解自然事物、自然现象和科学知识的关联，也可以通过它训练科学严谨的思维，激发探寻未知的兴趣，还可以通过物理学严密的理论体系和完备的实验方法，正确认识客观的世界。物理课程的学习让我们感受到物理的神奇，运用物理的智慧，人类正在快速推动科技进步。

二、学科课程理念

依据《上海市中学物理课程标准（试行稿）》的指导思想，我校结合物理学科的实际情况，将物理学科的核心概念定义为"慧趣物理"。物理课程体现了物理学习的乐趣，例如课上老师做神奇的小实验，吊足了同学们的胃口，激发了学生的求知欲；课下同学们探究实验时的相互合作、智慧碰撞，处处充满了乐趣，让同学们深深喜欢上物理……

为避免学生局限在单一的知识堆砌和叠加中,物理课程根据物理学的基础性和科学性,充分展现其在自然发展和生活科技中的智慧,重视物理与技术、社会、生活的紧密联系,倡导科学和人文的自然融合。从科技前沿到生活常识、从理论分析到实际操作、从单一物理到学科整合……物理课程不断发挥着物理智慧,激发着学生的学习欲望,具体特点如下:

"慧趣物理"突出物理学科的生长价值。"慧趣物理"以学生发展为本,以学生实际和发展为中心,制定出明确、合适的教学目标和内容,从学生熟悉的生活到物理,再从物理回到学生面对的社会。"慧趣物理"力求体现每一个课程细节的价值,从学生熟悉的生活中寻找与经典物理的联系,在教学过程中补充物理学史知识,普及现代物理文明,让学生了解鲜活的物理发展历程,体验实践操作与科学探究的方法,让物理教学变得丰富、立体、有延展性。同时在"慧趣物理"课程中,合理利用现代技术的辅助教学,高效而活泼地开展多元化教学活动,满足学生认知的需要。"慧趣物理"通过大量的反映物理学发展过程、物理学研究方法、最新科技前沿、我国科技成果等重大题材和内容,从感官视觉到科学探究,从直接认识到间接反映,从微观到宏观,让学生感受物理学科的价值。同时"慧趣物理"也促进教学相长:一方面教师的教导使学生得到发展,另一方面学生提出问题和要求,又促使教师继续学习,不断进步。教师除了要有扎实的专业知识外,还要学习自然科学、社会科学,研究前沿的最新成果、最新知识,必须更多地学习和掌握教育学和心理学的理论。因此,不论是老师还是学生,在"慧趣物理"课程中,都有着自我反思和自我学习的要求,师生在无形中自觉学习并共同前进。

"慧趣物理"强调多样的学习方式。物理教学中提倡学习方式的多样化,促进学生转变学习方式,教师的教学模式变革就显得十分必要。学生接受教育最直接的途径就是生活,而生活与物理又是紧密相关的,但是由于学生生活圈子的狭窄,学习模式的单一,导致对生活现象缺少观察和思考,学生感受不到物理的"无处不在",更不要说感受物理之美了。生活中,物理知识的应用其实是无处不在的,为什么我们能看见本不发光的物体,为什么灯会亮、电扇会转,为什么两个人击掌都会痛……如果给学生一些观察的时间,创设思考的环境,建立交流的平台,学生的求知欲就会被激发,学习的热情和动力都在"问题"上,"慧趣物理"可以提供这样的环境和平台。老师和同学可以共同在教室内外、课堂上下,通过交流讨论等方式进行学习。同时,师生之间也可以借助现实与虚拟的合理连接,比如以微信、钉钉为入口的学习,给予学生更多的舞台展示其学习成果或方法。学生要学习的知识很多,自己的时间却很少。为了能够在有限的时间内提高学习效率,尽可能的让自己习惯于随时随地的学习,"慧趣物理"为学生提供了这样的学习条件,开展形式多样的教学,给予学生发挥的舞台,比如在"物理足迹"版块的物理学史学习中,进行物理研究过程的模拟重现或常识普及;又比如"生活放大镜"版块中,利用所学知识解释生活现象,从自然现象探索物理现象,从物体性质、事物规律出发,发现生活中的物理,让学生感受到物理学不仅存在于物理学家的身边,也存在于同学们的身边。学生也可以利用小报、海报、小制作、小发明等活动进行内容分享,不仅自己主动进行了学习,还可以将成果分享他人,从被动到主动,体验性的教育与学习也可以使知识的获取变得轻松与简单。

"慧趣物理"是实践的物理。中学物理是以实验为基础的学科,"慧趣物理"更加关注物理实验的实际操作,培养学生动手动脑的能力。"慧趣物理"将初中物理演示实验和学生实验最大化应用,尽可能通过多种形式,让学生实际动手操作,并在课下引导学生开展拓展实验的行动研究,让学生体验科学探究方法,掌握一定的实验技巧,提高动手能力、创新能力,提高物理的实践能力和思维能力,发展学生可持续学习的能力。在"慧趣物理"实践行动中,我们为了改进教学质量,将教师与学生,教与学的过程结合起来,在教学情境、思维训练、反馈评价及拓展延伸中,将物理实验在课堂教学中发挥的作用进行分析,通过教学实践,对课堂实验的改进、完善及拓展进行讨论、修正和整理,编辑出我校"慧趣物理"实验的校本手册,为我校物理教学模式的变革,提高教师的专业素质和专业发展设立平台。"慧趣物理"不仅让学生在实践中学习,也让教师在实践中反思,增强了职业意识和兴趣。

第二节　给予每一个孩子探索的力量

《上海市中学物理课程标准（试行稿）》指出："让学生获得必需的物理基础知识和基本技能，初步了解物理学的发展历程；经历物理知识的形成过程，感受、认识和运用物理学的基本思想和基本方法；受到科学精神的熏陶，养成良好的学习习惯和科学态度，逐步形成正确的世界观、人生观和价值观，初步具有现代社会成员所必须的基本能力和科学素养。""慧趣物理"希望学生们在学习物理知识与技能，经历基本的科学探究过程，受到科学态度和精神的熏陶，在提高基本的科学素养的基础上，提高可持续学习的能力，这就需要源源不断的内在驱动力，而这种驱动主要来自学生对物理的兴趣，对未知的探索欲望。"慧趣物理"一方面依托物理与生活实际紧密相关的特点，挖掘生活物理化、物理生活化资源，尽可能使物理教学以学生的生活和经验为背景，以应用或改善生活为导向，激发学生探知的动力，感受物理的慧趣魅力；另一方面，依托物理学科的科学性特点，重视探索真理的过程和方法，重视实验的设计能力和再生成，重视科学方法的渗透。"慧趣物理"想要给予每一个学生探索物理的力量。

一、学科课程总体目标

"慧趣物理"结合课程标准，注重落实物理课程育人价值，构建以生活与自然为基础、以学科知识为支撑、以核心素养为主导的课程，形成物理观念，培养科学思维、科学探究能力和科学态度与责任意识。具体要求如下：

1. 从物理学视角形成关于物质、运动与作用、能量等的基本认识，具有运用物理思想、观点和方法，看待、认识事物，处理、解决问题的意识和习惯。初中学生初步形成经典物理的物质观、运动观、能量观、相互作用观，并且能用来解释自然现象和解决实际问题；初步具有现代物理的物质观、运动观、能量观、相互作用观,能用于描述自然界的图景。

2. 具有构建理想模型的意识和能力,能正确使用物理思维方法,从定性和定量两个方面进行科学推理、找出规律、形成结论,并能解释自然现象和解决实际问题,具有使用科学证据的意识和评估科学证据的能力,能使用证据对研究的问题进行描述、解释和预测,具有批判性思维的意识,能基于证据大胆质疑,从不同角度思考问题,追求科技创新。

3. 具有科学探究的意识,能发现问题、提出合理猜测,具有设计实验探究方案和获取证据的能力,能正确实施实验探究方案,使用各种科技手段和方法收集信息,具有分析论证的能力,会使用各种方法和手段分析、处理信息,描述、解释实验探究结果和变化趋势,具有合作与交流的意愿和能力,能准确表达、评估和反思实验探究过程与结果。

4. 能正确认识科学的本质,具有学习和研究物理的好奇心与求知欲,能主动与他人合作,尊重他人,能基于证据和逻辑发表自己的见解,实事求是、不迷信权威,在进行物理研究和物理成果应用时,能遵守普遍接受的道德规范,理解科学、技术、社会、环境的关系,热爱自然、珍惜生命,具有保护环境、节约资源、促进可持续发展的责任感。[1]

二、 学科课程年段目标

"慧趣物理"课程是结合物理课程标准及我校实际,以现有教学的八至九年级的教科书为蓝本,立足学生的兴趣特点与生活中有趣的实例拓展出来的课程,它丰富了孩子的学习内容,给予了每一个孩子探索物理的力量。下面我们以八年级为例(见表4-1)。

---

[1] 上海市教育委员会.上海市中学物理课程标准(试行稿)[S].上海:上海教育出版社,2004.68.

表 4-1　八年级年段目标分析表

章节	目　　标
绪论 让我们启航	1. 通过动手做小实验和观察教师的演示实验,激发学习物理的兴趣。 2. 通过了解伽利略对摆的研究过程,懂得什么是观察、怎样进行观察,体会实验对发现物理规律的重要性以及实验中所用的控制变量法。 3. 通过对估测的练习,能够进行简单的比较,体验建立标准的必要性。 4. 知道测量的意义和发展的历史,知道测量的要素是单位和测量工具。能够用测量工具测出相应的物理量。 5. 知道质量的概念,知道质量的单位及换算,会用天平规范测量物体的质量。
第一章 声	1. 知道声音是由物体振动产生的;知道声音传播需要介质。 2. 知道响度与振幅有关;知道音调与频率有关;知道音色随发声体的不同而不同;了解声音的三个特征在生活、生产中的应用。 3. 了解噪声;知道噪声的危害;学会控制噪声的途径。
第二章 光	1. 知道光的反射现象;理解光的反射定律;能运用光的反射定律简单作光路图。 2. 学会用玻璃板探究平面镜成像特点;理解平面镜成像特点,会用平面镜成像特点作图。 3. 知道光的折射现象;知道光的折射定律;了解不同介质对光的折射本领不同。 4. 知道凸透镜和凹透镜;学会探究凸透镜成像规律;理解凸透镜成像规律及其应用。 5. 知道光的色散现象;能够解释生活中光的色散现象;知道光的三原色。 6. 了解光的直线传播、反射、折射现象在生活、生产中的应用。
第三章 运动和力	1. 知道机械运动;知道参照物,能够选择参照物判断物体的运动;知道匀速直线运动。 2. 知道如何判断物体运动快慢,理解速度;理解路程-时间图像;会用公式计算路程、时间或速度。 3. 理解力;会作力的图示;了解力的测量方式,运用测量工具测量力的大小。 4. 知道重力的产生原因;理解重力的大小与质量成正比;知道重力的方向和作用点;会用图示法画重力。 5. 知道合力,理解同一直线上二力的合成;学会运用合力公式去求合力。 6. 知道物体平衡状态,掌握二力平衡条件。 7. 知道静摩擦力、滑动摩擦力、滚动摩擦;能够区分摩擦力。 8. 理解惯性;理解牛顿第一定律;能够解释生活中的惯性现象。
第四章 机械和功	1. 理解杠杆、杠杆的平衡条件;经历"探究杠杆平衡的条件"过程,能运用杠杆平衡条件解决生活中的实际问题。 2. 了解杠杆的分类;通过比较三类杠杆各自的优缺点,感受分类的科学方法;能运用所学知识将生活中的工具进行归类,能对比力臂知道该工具属于哪类杠杆,并结合杠杆的功能理解这样设计的实际意义。

续表

章节	目标
	3. 理解滑轮;通过将定滑轮抽象为等臂杠杆、动滑轮抽象为省力杠杆,感受建模的科学方法;寻找生活中哪些工具使用了定滑轮,哪些使用了动滑轮。 4. 理解功;理解做功的两个必要因素;通过小组活动,体验不做功的三种情况。 5. 理解功率;经历比较做功快慢的活动,认识功率概念的建立过程;能利用公式 $P=W/t$ 进行简单计算,会估算不同情况下功率的大小;了解功率在实际生活中的应用。 6. 知道势能、动能。经历动能、势能概念的形成过程,认识控制变量的科学方法;知道动能和势能之间的相互转化,能用实例说明能的转化是通过做功实现的;学生能结合所学知识解释类似"为什么跳高跳远时需要助跑,为什么高速公路对行驶的车辆进行限速"等生活问题。
第五章 热与能	1. 知道温度;理解温标;能估测一些常见物体的温度;课后利用所学知识设计制作一个简单的温度计。 2. 知道分子动理论,能将一些生活中的宏观现象用分子动理论的微观知识进行解释;感受宏观世界和微观世界的联系。 3. 理解热量,通过讨论,知道热量不可直接测,可通过测量加热时间对热量进行研究;理解转化法在物理中的实际应用。 4. 理解比热容;会用公式计算热量;能用比热容这一特性解释类似"沿海比内陆温差小,冷却液的主要成分是水"等实际问题。 5. 知道内能;知道改变内能的两种方法;能从能量转化以及转移的角度分析内能如何改变的。 6. 知道热机;知道热机的发展历程,会从环境保护和能量的利用率角度对各种热机进行评价。

第三节 畅游立体的物理世界

"慧趣物理"引导学生从生活现象中去探究并认识物理规律,经历发现、探究的过程,培养实践能力,树立积极情感和正确的价值观,同时能够将物理规律与生活实际结合起来,能运用这些规律解决生产与生活中的实际问题。通过"慧趣物理"中的学生活动,体验贴近生活、贴近时代、贴近自然的物理课程学习,畅游丰富而立体的物理世界。

一、学科课程结构

物理学科课程内容包含"物质""机械运动""电磁运动"和"能量"四大主题。为培养基础的科学素养,结合学生的认知需求,构建出具有逻辑感而非大拼盘的课程体系,我校物理学科课程分为"慧趣物质""慧趣机械""慧趣电磁"和"慧趣能量"四个版块。"慧趣物理"中几个版块的特点,是在初中教学基本要求的内容上,结合我校物理的个性教学,联系生活实际、学科发展、学校活动等平台,培养学生们的物理观念和科学思维能力,能在"慧趣物理"中找到自己的学习兴趣,提高自身的科学素养(见图 4-1)。

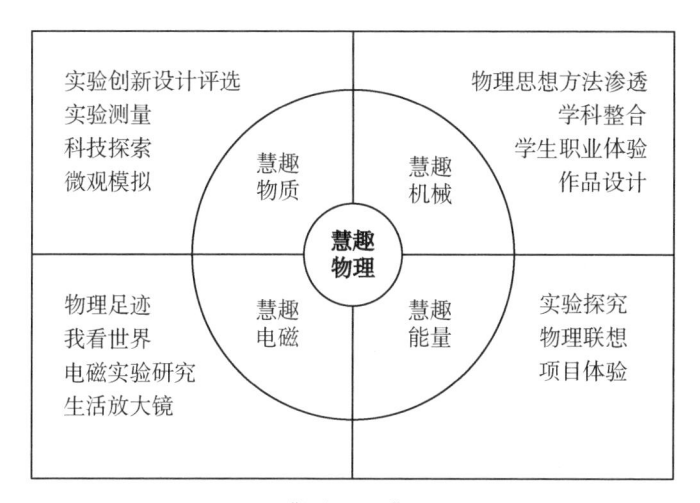

图 4-1 "慧趣物理"课程结构图

(一) 慧趣物质

在这一版块中,学生学习物质的一些基本形态和关于宇宙的初步知识,学习的重点是密度及其应用。学生通过关于密度的实验探究,认识控制变量法。通过学习原子结构和太阳系,感悟科学的物质观和宇宙观。"慧趣物质"的教学形式有"实验测量""实验创新设计评选""科技探索"和"微观模拟"。"实验创新设计评选":例如"密度"

的学习中有实验"探究物质质量与体积的关系",要求根据实验数据,经过比较、归纳,并在小组交流的基础上建立密度的概念,在此实验中,学会控制变量的方法应用。"慧趣物理"设立实验方案设计比赛,培养学生研究科学的实验探究能力。"实验测量":例如在学习"密度"时,为了解密度测定在生活、生产和科学研究中的作用,可把"密度的应用"作为专题进行研究,如鉴别未知矿石的种类、盐水的选种等;学生实验"测定物质的密度",要求能根据实验目的自主选择器材、设计方案进行实验,并能根据实验测得的数据鉴别物质。"慧趣物理"还设立了实验测量比赛,锻炼学生的实验操作能力,"密度"与生命科学、化学学科有一定联系,也会注意学科的相关整合。"科技探索":通过对分子、原子和太阳系的学习,感悟科学的物质观和宇宙观。同时为了激发学生的学习兴趣和物理观念,体现物理学科的时代性、前沿性,征集海报设计,为物理学习增强宣传。通过了解人类对物质结构的认识和经历,体验科学是不断发展的、认识是逐渐深化的,从而激发科学探究的热情。"微观模拟":在学习分子、原子等微观内容时,为了克服因为无法实验而面对的抽象感,"慧趣物理"进行微观模型的制作,并模拟例如分子结构、分子运动(模拟扩散)等模型制作,使教学更加形象生动。

(二) 慧趣机械

在本版块中,学生学习"力""简单机械""压强"和"匀速直线运动"等知识,学习的重点是二力平衡的条件和压强。学生通过学习同一直线上二力的合成,认识等效替代的方法;通过探究杠杆平衡的条件、探究液体内部压强规律等实验,感受科学探究的过程方法;在学习路程-时间图像的过程中,认识用图像表示物理规律的方法。通过了解长江三峡水利工程和我国城市下水道建设的成就,激发爱国热忱;在学习机械运动的过程中,懂得自觉遵守交通法规的重要性。"慧趣机械"的教学形式有"物理思想方法渗透""学科整合""学生职业体验"和"作品设计"。"物理思想方法渗透":本主题涉及的物理实验方法很多,"同一直线上二力的合成"中的等效替代法,"探究液体内部的压强与哪些因素有关"中的控制变量法,以及"探究杠杆平衡的条件""验证阿基米德原理"中猜想、观察、归纳的实验方法……在平时课堂中进行实验演示、探究或改进时,侧重关于物理思想方法的渗透。"学科整合":通过对于匀速直线运动路程-时间图像的学习,认识图像方法在物理描述运动规律中的应用,与数学学科进行了整合;"大气压强"、"连通器"等内容与地理学科有一定的联系。"学生职业体验":学生通过职业体验,了解我校地区(或其他城市)涉及到的相关城市下水道建设成就,激发爱国热忱;通过"交通标志与城市交通"的专题(或实地)调查,懂得自觉遵守交通法规的重要性;在学习杠杆时可以联系到生活和生产中不同用途的各类杠杆,并通过实地职业体验进行机械应用,感受机械对生活生产的作用;学习大气压强,体验生活中大气压的应用;在学习惯性之后,联系生活、生产和科学研究中的惯性现象,体验惯性的利用与防范。"作品设计":通过对于大气压强、简单机械等相关知识的学习,进行物理小作品制作或小实验设计来进行知识应用,激发学生的兴趣。

(三) 慧趣电磁

在本版块中,学生学习简单电路、简单电磁现象和光的传播规律等知识,学习的重点是欧姆定律、凸透镜成像规律及其简单应用。学生通过对电流与电压、电阻关系的探究,学会运用控制变量法,感受猜想、实验、归纳等方法;在学习磁感线时,认识建立模型的方法。学生通过电流的磁场、无线电波的学习,感悟科学对人类文明发展的影响,激发学习科学的热忱。"慧趣电磁"的教学形式有"物理足迹""我看世界""电磁实验研究"和"生活放大镜"。"物理足迹":电磁学的发展史对初中物理电与磁的学习尤其有教育意义,它有助于学生了解物理电磁概念,通过认识电磁学的发展,可以进一步认识物理学这门学科的特点。在"物理足迹"这个教学版块中,通过课堂讲授、课后资料查阅、制作专题、线上交流、社团宣传等方式,能对电磁学的发展及其对社会生产生活的作用,以及物理学家的精神有一定的了解,从而达到物理学史的宣传教育。"我看世界":在这个版块中,学生可以不出校园,实时了解物理发展动态和生活科技的发展趋势,让学生感受物理发展的作用,激发学生学习物理的动力和热情。"电磁实验研究":电磁运动涉及的实验很多,重点是学生实验:"用电流表测电流、用电压表测电压""用滑动变阻器改变电路中的电流""探究电流与电压、电阻之间的关系""用电流表电压表测电阻""探究平面镜成像特点""验证凸透镜成像规律"。这一版块注重在实验的过程中,提高动手能力、实验探究能力,提高基本科学素养。"生活放大镜":电磁运动这一主题中,学生能找到很多熟悉的生活现象与所学的物理知识相关,因此,在这一版块中寻找生活中的物理,例如磁现象:指南针、磁化、消磁现象等;光现象:彩虹、小孔成像、日食月食、潜望镜、远视眼近视眼的矫正等;电磁现象:无线电通讯、电动机、发电机等等,从而激发学生学习物理的兴趣。

(四)慧趣能量

在这一版块中,学生学习机械能、内能和电能等知识,学习的重点是比热容和电功率。学生通过对物体吸收热量与哪些因素有关的探究,学会运用控制变量、分析、归纳等方法。学生通过能的转化与能量守恒的学习,树立节能观念和环境保护意识。"慧趣能量"的教学形式有"实验探究""物理联想"和"项目体验"。"实验探究":本主题重点要体会实验探究的过程与方法。在学习动能、势能时,建议根据生活经验,猜想动能和势能的大小与哪些因素有关,然后设计简易实验进行验证。在学习温度、温标时为了加强对摄氏温标的感性认识,建议制作简易温度计,通过讨论确定制作方案,讨论时重点研究定刻度的方法。在学习比热容时,要求根据生活经验,猜想物体吸收的热量与哪些因素有关,设计运用控制变量法的实验方案,实验后对数据进行分析、比较、归纳,建立比热容的概念。在学习"动能与势能的相互转换"时,结合自然现象和生活经验描述动能和势能相互转化的现象,然后设计一些验证动能和势能的相互转化的简易实验,并在小组或全班进行交流。在学生实验"测定小灯泡电功率"中,根据实验目的自行选择器材,设计实验方案,重点研究使小灯泡正常发光的方法。实验时要测定小灯泡不同亮暗时的功率,并确定小灯泡的额定功率。"物理联想":通过本主题的学习,联想到我们生活中的相关现象。比如在学习"能量"的时候通过了解能源的现状,懂得节能的意义,讨论节能的简单方法;在学习"热学"后,通过对环境污染的社会调查增强环境保护意识;在学习"能量转化"后,可联系过山车、蹦极运动、跳水、打桩机等等;在学习温度、温标后可以去联系温度与生命、气候、工业、农业、宇宙演化的关系;在学习电能之后联想到电器的额定功率,联系太阳能电池、太阳能热水器、热电站、水电站、风力发电等等相关的知识。"项目体验":学习本主题之后的一些项目体验,可以直接与学生生活相联系。比如家用的各种温度计如何操作、如何使用,在生活中进行一些有效的节能环保方法体验,又比如家里的电能表如何去进行抄表,如何看懂电费单,如何计算电费等。

二、学科课程设置

"慧趣物理"通过丰富学习内容和形式,让学习有趣,让活动又具可操作性,与生活、生产、社会紧密相关,注重学生对自我与社会的认知,多维度满足学生对物理学习的需求,推动学生基础性、发展性、创造性学力的发展,最大程度地满足学生全面而又个性的发展需求。基于学科课程目标,结合教材和学生特点,我校"慧趣物理"设置了相应的课程项目,下面以八年级为例(见表4-2)。

表4-2 八年级"慧趣物理"课程项目表

版块	内 容
慧趣物质	1. 科技探索(分子原子)。 2. 微观模拟(分子运动)。
慧趣机械	1. 物理思想方法渗透:同一直线上二力的合成(等效替代法)。 2. 物理思想方法渗透:探究杠杆平衡的条件(实验归纳)。 3. 学科整合:匀速直线运动S-t图像(数学正比例函数)。 4. 学生职业体验:"交通标志与城市交通"的专题、惯性的利用与防范。 5. 学生职业体验:生活中的简单机械应用(杠杆、滑轮等)。 6. 作品设计比赛。
慧趣电磁	1. 物理足迹:光学物理学史专题宣传活动。 2. 我看世界:最新光学研究成果与相关科技发展。 3. 光学实验研究:"探究平面镜成像特点"、"验证凸透镜成像规律"。 4. 生活放大镜:彩虹、小孔成像、日食月食、潜望镜、远视眼近视眼的矫正等。

续表

版块	内　容
慧趣能量	1. 实验探究：猜想动能和势能的大小与哪些因素有关，设计一些验证动能和势能的相互转化的简易实验；制作简易温度计，猜想物体吸收的热量与哪些因素有关。 2. 物理联想：调查地球环境的现状（全球变暖、温室效应问题）；查阅温度与生命、气候、工业、农业、宇宙演化的关系。 3. 项目体验：家用温度计使用。

第四节　体验快乐而奇妙的物理魅力

《上海市中学物理课程标准（试行稿）》指出："课程实施是将课程计划付诸实践的过程，是落实课程目标的基本途径，也是课程建设的重要环节。课程评价是课程的基本组成部分，在课程体系中起着重要的激励导向和质量监控作用。"[1]"慧趣物理"课程通过课堂教学、兴趣小组、社团活动、网络交流、竞赛评选、职业体验等形式进行物理课程的实施，给予孩子充分展示自我的舞台，"慧趣物理"也将从"慧趣课堂、慧趣社团、慧趣实验、慧趣创作、慧趣体验"等五个方面来实施和评价，给予孩子肯定与鼓励。形式多样的实践体验让学习变得丰富立体而具延展性，学生自主学习及持续性学习得到了很好的提升，课程实施的过程让孩子们充分体验了快乐而奇妙的物理魅力。

一、建构"慧趣课堂"，提升课程实施品质

所谓"慧趣课堂"是指教师参与的关于课堂问题的思考和实践。"慧趣课堂"要求在课堂上建构有活力的机制，课堂的精彩在于自主与合作的精彩，源于细节因素、多维

---

[1] 上海市教育委员会.上海市中学物理课程标准（试行稿）[S].上海：上海教育出版社，2004：17—19.

互动,体现出课程的系统性和机制的引领性。

(一)"慧趣课堂"的实践操作

我们成立物理课堂实践研究小组,每周一次讨论和学习,集体备课,研究物理课堂教学,争取在课堂模式、教学素材上进行积极突破,以学生的视角和反馈,进行课堂改进并尝试实践,以录课、观课等方式进行反复研究,整理改进方向及素材,为我校校本课程做补充。具体实践包括:每周一次的备课组活动,每位教师负责一周教案,其他教师进行讨论补充和修正,整理成校本教案;每2周一次的教研组活动,每位教师负责一次组内公开课,进行教学研讨,记录学生课堂参与状况,并研讨课堂教学效率的改进;每学期进行公开课展示,同时也欢迎专家的莅临指导,为我校物理课堂教学改进补充素材和方案。

(二)"慧趣课堂"的评价标准

"慧趣课堂"侧重评价学生的课堂参与度,评价教学结构的合理性,评价每个学生真正参与课堂的思维深度,评价学生交流展示等外形活动,评价每个学生的课堂进步情况(见表4-3)。

表4-3 "慧趣课堂"评价表

姓名:_____   班级:_____   得分:_____

	评 价 要 点		分值	得分
学生表现(60分)	自主学习	学生是否全员全程参与学习,是否能自主学习、积极学习、乐于探究。	15	
	合作状态	学生是否能主动与他人合作,是否能相互给予指点帮助或大胆发表与众不同的见解,小组活动有组织、有机制、有展示、有效果。	15	
	思维表现	学生是否能独立思考、主动探究、善于质疑,提出有价值的问题,并展开激烈的辩论,学生的见解是否有自己的思想或创意。	15	
	生成状态	学生是否能通过整堂课学习后自己完成归纳与总结,并能在老师预设的情境中提出质疑,动态生成课堂资源。	15	

续表

评 价 要 点		分值	得分
教师表现(30分)	内容科学　教学目标明确、设计科学严谨、学科特点鲜明。	5	
	实验技能　实验操作规范熟练、实验独特创新。	5	
	善于引导　适时适度地正确引导、杜绝灌输填鸭。	5	
	充分激励　评价机制完善、表扬鼓励恰当。	5	
	个人素质　有良好的基本功,语言生动准确,教态亲切自然。	5	
	信息技术　网络、多媒体技术应用恰当、能够提升课堂效率。	5	
总体评价(10分)		10	
最终得分		100	

二、创设"慧趣社团",发展物理学习兴趣

所谓"慧趣社团"是指让一批对物理感兴趣的学生聚在一起组成的社团,围绕一些物理问题进行兴趣研究,这有利于延续并深度激发学生对物理学科的热情,增加学生学习物理的动力,以探讨物理问题为契机,汇聚那些对物理感兴趣,能动手、勤思考的学生,从挖掘生活中的物理现象到生成相关的物理课题研究,从封闭式解题到开放式探究,切实提高这些学生的科学素养,维持并激发其科学探究的欲望。

(一)"慧趣社团"的实践操作

学校通过宣传、组织并由老师来指导学生开展物理社团。学生将自行建立社团宗旨、制定计划、招募社员,按学校社团程序进行操作,开展各种物理课外活动。社团主要通过课间广播、海报宣传、科艺节、学科节等载体,宣传物理相关学史、相关科技前沿、物理经典实验、有趣的物理实验、物理小发明及物理小课题等研究,拓宽学生视野,发展物理学习兴趣。

（二）"慧趣社团"的评价标准

每个学期末根据社团的组织管理情况、活动情况、课题研究的深入程度、已有研究成果及学校的分享情况对社团成员进行评价（见表4-4）。

表4-4 "慧趣社团"评价表

姓名_____　　　　　　　班级_____　　　　　　　得分_____

评分项目	分值	评分细则	得分
主动表现	10分	自愿加入、主动积极。	
参与表现	20分	积极出勤、认真参与。	
合作过程	30分	合作有序、分担任务。	
作品成果	20分	探究得出成果或作品。	
展示评价	20分	参与展示、完成评价。	
最终得分			

三、推行"慧趣实验"，培养良好的科学素养

"慧趣实验"主要包含两方面的实验内容：一方面是中考要求的学生实验，另一方面是除此之外的课堂演示实验和拓展实验。通过这些实验的操作，主要是为课堂预习活动和课后延伸学习做辅助，鼓励学生亲身尝试着去做实验，养成勤于动手动脑的习惯，培养良好的科学素养。

（一）"慧趣实验"的实践操作

在"慧趣实验"的实践操作中，为使学生能正确规范操作实验，物理组通过集体备课，讨论学校统一的学案和教案，并且为了方便学生自行练习实验操作，编辑校本实验指导手册——《南汇二中物理实验指导手册》。全体课题组成员广泛搜集物理教学中

的相关实验,利用平时的备课组活动、教研组活动,对收集的实验进行集中研讨,筛选出科学可行的拓展实验,并利用此次课程建设的契机,申报区级课题"宽课程视野下初中物理拓展实验教学的行动研究",为我校"慧趣实验"提供参考素材,最后整理成册,学生可以通过这些实验的指导手册进行练习和探究。"慧趣实验"的实践活动,能给学生们的动手操作、探究创新提供机会,物理实验室将提供场所,开放一定的时间,让学生们尽情享受实验操作的乐趣,不仅培养兴趣,也能增强实验能力。

(二)"慧趣实验"的评价标准

物理教研组将要求学生每学期在家完成一个小实验,对于没有条件的学生,开放学校实验室,每年寒暑假还希望学生参与相应的探究实验,比如用多种方法测量旗杆,测量操场周长,测量并记录家中的用电度数等,学校对于学生完成情况进行评比,及时完成基本实验的为合格,能够完成探究式实验的为优秀,根据实验的科学性、严密性再酌情加分(见表4-5)。

表4-5 "慧趣实验"评价表

姓名_____ 班级_____ 得分_____

评分项目	分值	评分细则	得分
实验准备	20分	设计实验方案、准备实验器材。	
实验操作	30分	规范科学、合作有序。	
观察记录	20分	观察仔细、实事求是、准确记录。	
数据处理	20分	数据处理科学严谨、得出结论。	
实验整理	10分	复原及时、器材完整、桌台干净。	
最终得分			

四、开展"慧趣创作",迸发物理智慧火花

"慧趣创作"是将熟悉的日常现象与物理知识相联系,对一些实验进行改进,或进行一些发明小创作,让学生将物理知识和探索的热情,通过自己的思考和动手展现出来。

(一)"慧趣创作"的实践操作

"慧趣创作"的实践主要依靠科学节、教研节和物理社团的平台,鼓励同学积极报名创作小发明、实验小制作等,学生可以以个人或团队名义参加物理学科竞赛、物理作品展示等。

(二)"慧趣创作"的评价标准

学校通过教研节进行物理小制作、小发明的收集评选,教师可以提供相关咨询和辅导,以学生参与的主动性、实践的可行性、思考探索的深入性为评价方向,最后筛选出优秀作品进行展示和奖励(见表4-6)。

表4-6 "慧趣创作"评价表

姓名_____ 班级_____ 得分_____

评分项目	分值	评分细则	得分
思想	30分	学生主动参与、兴趣高涨,创作构思独特新颖。	
过程	30分	活动认真、参与度高,有文字记录或有反思改进。	
作品	20分	作品上交及时,作品有价值。	
展示	20分	展示作品,参与评选。	
最终得分			

五、感受"慧趣体验",从物理走向生活

"慧趣体验"是在学校职业体验的基础上,结合生活体验的实践。例如在学习长度测量时可以体验通过滚动轮来测量学校的周长;学习声音之后进行声音探测体验:医

院的B超、金属探伤、声呐应用；学习电能表之后，学会抄录家中的电表等，加强物理学习中理论与实践的联系，真切体会到物理与生活的紧密关系。

(一)"慧趣体验"的实践操作

学校的职业体验活动，主要针对八年级全体同学，其他年级学生可以申请参加。"慧趣体验"的实践，学生可以借助学校提供的职业体验平台，也可以自行在课余时间参加实践体验活动。物理"慧趣体验"的实践主要包含中学物理"声、光、力、电、磁"的内容，学校会下发体验活动表，学生积极参与，并记录体验过程和体验心得，结合生活实际，联系物理相关知识，能对生活中的物理现象或规律作出自己的理解，学校将对此给予相应的实践证明和鼓励。

(二)"慧趣体验"的评价标准

学生可以根据实践记录体验过程，书写简单的心得体会，教师可以据此进行多维度评价(见表4-7)。

表4-7 "慧趣体验"评价表

姓名_____   班级_____   得分_____

评分项目	分值	评分细则	得分
思想	20分	学生积极报名，主动参与性强。	
过程	30分	体验过程认真参与，进行必要的记录。	
成果	30分	及时上交体验心得。	
展示	20分	展示体验过程或展示心得体会。	
最终得分			

"慧趣物理"课程力求系统性，不做简单加减法，既满足所有学生对物理学科的基本学习要求，又为不同学生的个性化需求提供更多的选择，丰富学生的学习经历而不以单一的知识拓展或加深为取向，跳出教科书、跨出课堂，选择有利于学生发展、又能

被学生接受的最有价值的物理知识作为课程内容,学生的视野被打开,学习变得宽而广。"慧趣物理"让学习的过程充满了乐趣,也获得了智慧与成就感!

(撰稿者:周妍　郝静娜　金建斌　周春燕　曹清　方德军)

第五章

魔趣化学：感受化学的神奇和魅力

　　化学是一门具有神奇魅力的学科，生活中处处有化学。从材料、衣服面料、酿酒、火药等武器研发、药物研发、人造关节研发、新能源开发、环境处理等很多方面都有化学的参与和贡献。用美国化学家西博格的话来说："化学——人类进步的关键。"从生活中的化学现象出发，打开学习化学之门，让孩子们在生活中感受化学的神奇魅力，是化学学科的使命。

上海市南汇第二中学化学组是一个务实求真、开拓创新、团结奋进、充满朝气的集体。化学组教师共5人，年龄结构合理，既有兢兢业业、勤勤恳恳工作多年的老教师，也有年富力强并已成为学校教育教学骨干的中年教师，更有近几年刚刚参加工作的虚心好学、勇挑重担的青年教师。其中区级学科带头人1人，区兼职教研员1人，高级教师2人，一级教师1人。化学组全体教师团结协作，共同奋进，2012年被评为区优秀教研组。化学组依据教育部《关于深化课程改革落实立德树人根本任务的意见》和《上海市中学化学课程标准（2004版）》等文件的精神，着力构建以培养学生"学习素养"为核心的学科特色课程体系。

第一节　寓教于生活的化学

《上海市中学化学课程标准》指出：让学生学习用化学语言描述物质的组成、结构、性质和变化，学习收集信息、应用实验和观察手段进行探索与验证。学习质疑、预测设计、反思、验证，以及科学概括、推理、类比、归纳和演绎等科学方法，获得科学过程的体验。[1]"魔趣化学"课程旨在通过以学生为主体的各种学习活动，让学生感悟化学与生活、自然的关系，在实践中进行深度的学习与思维训练。

一、学科性质

化学是一门宏观和微观相统一的学科，是研究物质的组成、结构、性质以及变化规律的基础自然科学。利用化学知识制造对人类有用的物质，使化学能够改善人类生活，促进社会发展，体现化学学科知识在实际生活中的价值。在初中化学启蒙阶段，让学生能从社会发展的视角，认识化学的意义，认识化学与社会、科学、技术和生活的联

---

[1] 上海市教育委员会.上海市中学化学课程标准[S].上海：上海教育出版社.2004：63—65.

系,了解化学的重要作用,学会用科学探究的方法学习化学,初步建立起化学科学的价值观。

化学学科的思想观念是化学学科的灵魂,是人类在化学漫长的发展历程中逐步积累起来的有关物质的组成结构、性质变化及实际应用的价值判断。通过"魔趣化学"课程的学习,可以使学生初步认识化学的核心观念——微粒观、元素观、结构观、物质观、转化观、分类观、能量观、守恒观、化学的社会观和化学的价值观等。与此同时,"魔趣化学"可以帮助学生从自己的生活实际走向化学,亲近化学,从化学走向社会,了解化学家对世界的思考和改变,化学能回答哪些问题,能解决哪些问题。"魔趣化学"向学生展示化学在人们日常生活中的重要性,使学生认识到化学在促进人类文明和改善人们生活质量方面所作的巨大贡献,以及化学所面临的种种责任,体会化学对提高自身科学素养、将来更好地适应新时代所作出的各种准备。"魔趣化学"充分说明了化学学科的重要性,它改变了人类的生活,并且还将继续促使人类往更好的方向发展。"魔趣化学"还通过一系列有趣的化学实验,包括演示实验、学生分组实验和可行的家庭实验,让学生感受化学的神奇和魅力。

二、学科课程理念

我校化学组秉承"魔趣化学"的理念,以提高学生的科学素养为根本宗旨,以"促进学生的可持续发展"为核心。确立学生在课堂学习中的主体地位,关注学生的学习过程,通过"魔趣化学"课程体系的构建与实施,为学生提供平等的、可选择的学习机会,满足学生发展的多种需求,满足学生适应现代生活和未来发展的需要。"魔趣化学"课程试图改变传统课程过于注重知识与技能传授的倾向,强调科学过程与方法,重视情感态度与价值观的教育,使学生在获得化学知识与技能的同时体验理解化学、进行科学探究、联系社会生活实际和形成科学价值观的过程,从而促使学生全面发展。引导学生感受化学的神奇和魅力,学习有价值的化学,用化学的眼光看世界。

化学作为一门中心的、实用的和创造性的科学,重视反映化学、技术与社会的相互联系。"魔趣化学"课程的核心理念是以学生的发展为本,课程内容贴近生活,贴近社会,关注学生的化学学习经历,从学生已有的生活经验和未来要经历的社会生活实际出发,关注学生面临的化学社会问题,引导学生在复杂的社会背景中学习化学,将"魔趣化学"课程的学习融入有关社会现象和解决具体的社会问题之中,鼓励学生积极参与与化学有关的社会实践活动,学习并模仿化学家的思想,对社会问题提出自己的想法和对策,从而增强学生的社会责任感和使命感,逐步形成可持续发展的意识。

(一)"魔趣化学"是与生活密切关联的化学

"魔趣化学"从学生的实际出发,利用生活中事例、图片、视频等呈现,让学生亲身感受到生活中有化学、生活离不开化学,同时也感受到社会发展、科技进步、环境改变不是一朝一夕能实现的,而是要靠化学家的智慧和辛勤劳动逐步实现的,由此产生希望了解化学的强烈愿望。以丰富多彩的图画和生动的语言,概述人类认识化学、利用化学和发展化学的历史和方法,充分展示化学的魅力和学习化学的价值。通过与学生密切相关的一些生活事例的学习分析,从中认识到化学研究的内容是把生活中事例进行专业化的学习。如课外实验活动:布置"火柴燃烧、纸张燃烧、放烟火、蛋壳中放入食醋、黄豆磨豆浆"等家庭小实验,不仅让学生感受在生活中学习化学的兴趣还能培养学生在做中提高动手能力,同时也是对课堂学到的化学知识的巩固。

"魔趣化学"结合学生已有的知识和经验,从生活走进化学。设法把学生的课堂学习融入社会生活中,在生活中学化学,使学生真正体验到知识的价值。能有力地促进学生课堂学习的自觉性和主动性,是激发和维持学生课堂学习动机的不竭源泉。例如:可以选择贴近学生生活的一瓶雪碧、一瓶农夫山泉、一瓶自来水、一瓶蒸馏水、一瓶学校旁边小河里的河水,分析这些所谓的水除了水之外还有什么物质,来认识蒸馏水有别于雪碧、农夫山泉、自来水、学校旁边小河里的河水,从而学习混合物、纯净物的概念。结合课内实验和课外实验活动,在实践中获得知识和技能。

(二)"魔趣化学"是展现自然之美的化学

美育可以发展人的感性和个性,增强审美感受力和创造力,塑造具有审美心理特质的健全人格。[1]"魔趣化学"课程的美育就是对学科美的教育,在化学教学中,发现、创造、实施学科美,就是学科中的美育。可通过生动、形象的语言描述感受物质世界的自然美;通过富有哲理的实例,感受物质世界辩证统一的形式美;从五彩缤纷的实验现象中,感受化学实验的直观美和创造美;从化学的奇异美、对称美、统一美、和谐美、结构美等方面来挖掘和揭示化学的自然之美,从而塑造学生的美好心灵,培养学生高尚人格,激发学生学习兴趣,形成学生的美育意识;展示化学的自然之美、科学之美,从而做到化学教学艺术的尽善尽美。

化学教学资源(资料、素材)中的美是静态的美。自然界中五彩斑斓的各种晶体矿石、黑色的石油、蓝色的胆矾、闪耀的金刚石、晶莹剔透的水晶,无不彰显着化学创造自然的魅力。化学装置制作上的精妙,其结构的对称、协调,表现出和谐美。化学实验中产生的变色、生成气体、生成沉淀、热量的变化等,引起学生的惊叹和思考,体现出化学实验之美。化学反应过程中物质发生奇妙化学反应带来的美,激发学生的探究欲、求知欲和创造欲。氧气、稀有气体、原子结构的发现,体现出化学史实美,从而激发学生学习化学家爱国精神的热情。化学实验操作中,教师娴熟、连贯、一丝不苟、准确地进行演示实验,学生从容不迫、较为熟练地进行实验操作,显示出化学的动态美。"魔趣化学"课程通过展现学科自然之美,培养学生学好化学、立志投身于化学事业的信心和决心。

(三)"魔趣化学"是具有深度思维属性的化学

"深度学习是基于原有知识能力之上的、以学习者主动参与为前提、重视知识结构的建立和认知策略的元认知过程,以知识迁移的认知策略,迁移解决实际问题为最终目标"。"魔趣化学"课程强调教师通过创设真实的教学情境,学生面对真实的问题,主动积极参与学习过程,深入理解初中化学基本概念和理论、常见物质的知识,逐步提高

---

[1] 郁金花.科学美育的价值与化学美育例析[J].化学教学.2020(2):34—37.

学生结构化化学知识的能力。"魔趣化学"课程关注在学习活动中，通过学习任务驱动，通过问题来启发，通过过程性评价和及时反馈等策略，来促进学生对自身学习活动过程的深入认识和不断反思，培养学生的元认知能力。"魔趣化学"课程注重学生在已有生活经验上建构化学基本观念，在新情境中迁移解决实际问题，在迁移应用中发现新现象、新问题，从而感悟新知识，领悟化学知识的"生长点"，提高学生的实践能力。

深度学习是新的学习科学中的重要概念。"魔趣化学"课程注重批判理解式的学习。化学教学常常需要运用化学实验来帮助学生观察有关物质性质及其变化的现象，本课程要求学生对物质性质及其变化不仅要实事求是，还应具备一种批判或质疑的态度，对实验中出现的反常现象，更应"刨根问底"，从而加深对核心知识和复杂概念的理解。"魔趣化学"课程强调学习要面向实践应用，结合学习内容，联系自然、工业生产、学生生活经验和社会热点问题，提高学生运用化学知识正确看待问题、处理问题、解决问题的能力和习惯，摒弃只关注考试所需的外在线索的浅层次学习。

（四）"魔趣化学"是具有实践感的化学

经过多年的教学实践，我校化学组的全体教师深深地体会到教师必须转变观念，并且要积极探索能服务于学生学习的教学方式，创设能引导学生主动参与的教学环境，从而激发学生学习的积极性，培养学生掌握知识、应用知识的态度和能力，使每个学生得到充分的发展。"魔趣化学"课程主张弘扬个性的自主学习方式，学生在总体教学目标的宏观控制下，在教师的指导下，根据自身条件和需要，制定并完成具体的学习任务。但教师应该清醒地认识到，教师需要科学地分析教材内容，挖掘适合学生自主学习的素材，并加以科学指导，给学生充分展示"形象"的舞台，获得主动学习的技能，培养积极的情感、科学的态度以及终身学习的意识，使学生感受到"魔趣化学"是具有实践感的化学。

化学是以实验为基础的学科，化学实验为学生提供了最自主能动的实践活动形式，为学生创造了在亲身经历和体验中获得知识与技能、激发兴趣、培养科学精神的主动的学习情境。"魔趣化学"课程认同化学实验可以充分体现以实验为基础的化学教学观。课堂教学中,通过"活动与探究""观察与思考""联想与启示""拓展视野""练习与实践"等形式来体现以实验为基础的教学观。对实验内容的选择应注重实验探究活动,如对水的元素组成的实验探究,对稀盐酸、稀硫酸化学性质的实验探究,对铁铜银三种金属活动性顺序的实验探究。"魔趣化学"在精选实验活动的同时,注重选择有利于学生学习实验方法的内容,并通过大量的实验活动为学生提供尽可能多的实验事实,以发挥化学实验在化学学习中的功能和价值。"魔趣化学"课程注重培养学生的动手能力、探究能力和创新思维,学生不但要掌握化学基础知识,还要形成基本的化学实验技能,通过多措并举,循序渐进,逐步地培养和提高学生的实践能力。

总之,我校化学组将秉持"魔趣化学"的观念,围绕以上四个课程核心理念,发展学生的学科核心素养,通过亲身经历和体验科学探究活动,激发学习化学的兴趣,增进对科学的情感,理解科学的本质,培养具有科学精神和实践能力的学生。

第二节 打开化学之门的钥匙

《上海市中学化学课程标准(2004版)》总体要求是:"通过中学化学的学习,帮助学生进一步认识物质,形成正确的物质观,帮助学生了解科学、科学过程以及科学、技术与社会的联系,通过应用化学知识和方法解决实际问题,提高科学素养。同时引导学生充分认识化学对促进人类社会发展和提高人类社会生活质量的重要意义。"[1]初中化学处于启蒙阶段,"魔趣化学"在组织学生化学学习活动中,贯彻执行课程标准的要求,以神奇、有趣、富有魔力的物质变化为切入点,激发学生学习化学的积极性和兴趣,帮助学生初步了解科学技术探究的基本过程和方法,发展科学探究的能力,获得进一步深入学习和适应社会发展所需要的化学基础知识和基本技能;提高学习力,促进其发展,使其能更好地适应并服务于现代社会。

---

[1] 上海市教育委员会.上海市中学化学课程标准[S].上海:上海教育出版社.2004:63.

一、学科课程总体目标

《上海市中学化学课程标准(2004版)》的内容和总体目标是：通过义务教育化学基础课程的学习，学生主要在以下三个方面得到发展。[1]

1. 知识与技能：掌握基本的化学概念和原理，掌握常见的元素、单质和化合物知识，了解化学与其他学科间的互相渗透关系。掌握一些化学计算技能和实验基本操作技能，学会跟化学有关的认识、感受、体验的表达技能。

2. 过程与方法：逐步培养学生自主学习能力，简单实验设计能力，对化学知识和实验设计的评价能力，对学习内容、过程和方法的反思能力。让学生认识科学探索的一般方法，掌握化学探究中常见的、有效的实验方法和手段，学会观察、记录化学现象以及数据处理等，了解化学原理应用于实际化工生产的方法。

3. 情感态度与价值观：培养学生尊重事实、积极探索、崇尚创新、重视合作的科学精神和科学态度。培养学生的辩证唯物主义的思想，帮助他们树立科学的人生观、世界观和价值观，学会做人。培养学生爱祖国、爱人类、爱大自然、爱科学的情怀，关注人类面临的与化学有关的问题和可持续发展问题。

二、学科课程年段目标

依据《上海市中学化学课程标准(2004版)》的指导思想，"魔趣化学"的课程目标是根据沪教版九年级化学教科书为蓝本，以《九年级化学教学参考资料》为指导，结合我校学生的特点，以及生产生活中神奇、有趣的实例，拓展与丰富出来的课程。在实施教学时注重兴趣引导，培养学生的化学思维、学习力和探究创新精神。引导学生初步学会建立化学学科体系，提高科学素养，以促进学生全面发展。具体目标见表5-1。

---

[1] 上海市教育委员会.上海市中学化学课程标准[S].上海：上海教育出版社.2004：66.

第五章 魔趣化学：感受化学的神奇和魅力

表 5-1 九年级化学课程年段目标分析表

年段		内　　容
九年级第一学期	第一章 化学的魅力	1. 理解物理变化和化学变化的基本概念及它们的重要性和本质区别。理解并学会运用基本概念分析判断一些难分辨的典型的物理变化和化学变化。 2. 理解物理性质和化学性质的基本概念，并学会运用基本概念分析判断一些典型的物理性质与化学性质。 3. 知道常见化学仪器的名称，初步了解并学会常见仪器的基本使用方法。 4. 知道化学实验的安全规则，知道各种化学实验安全的要求。 5. 初步知道化学元素符号、化学式的基本含义，能够识记并正确地书写。 6. 通过初步学习单质、化合物、混合物、纯净物的基本概念，认识各种物质的基本分类方法。 7. 初步学会过滤、蒸发等物质提纯的方法以及实验应用技能，初步掌握并具有应用不同的方法进行提纯物质的实验能力。 8. 知道物质中元素的存在状态有游离态和化合态，并能进一步区分一些常见的物质中元素的形态。
	第二章 浩瀚的大气	1. 通过了解空气的主要成分，知道氮气和氧气的体积分数，了解氮气和稀有气体的常见用途。 2. 通过了解当前空气质量和状况，知道大气污染和酸雨形成的主要原因，了解当前防治空气污染的常见处理措施和方法及其重要的意义。 3. 通过观察和描述，了解氧气的主要物理性质，掌握氧气的主要化学性质，并能写出正确的化学反应方程式。了解氧气的主要用途，体验和了解氧气与我们人类健康的密切关系。 4. 了解化学实验室制取氧气的基本方法和原理。进一步掌握实验室制取氧气的装置、操作及检验方法。了解催化剂和催化相互作用的基本概念。了解氧气的工业制法的原理。 5. 了解氧化反应、氧化物、化合反应、分解反应的概念，会用这些概念进行判断和分析化学反应的类型或有关化学物质的组成类别。 6. 认识物质的微粒性，知道物质是由分子、原子等微粒构成的，能用微粒的化学观点以及概念解释某些常见物质的化学物理现象。 7. 知道物质是元素组成的，能将物质的宏观组成与微观构成紧密地联系起来。 8. 知道相对原子质量的基本概念，了解化学中相对原子质量与原子质量的关系和区别。 9. 通过对常见物质及其变化的宏观规律以及现象与其微观本质相互存在的联系进行分析和推理，培养学生的抽象思维能力。 10. 能够理解和依据物质的组成，利用化合价的规律书写常见物质的化学式，能说出化学式的基本含义。 11. 知道物质的量是国际单位制的七个基本的物理量之一，了解现代化学中引进和应用物质的量的重要性。能够进行物质的量和微粒数之间的相互转化计算。 12. 初步理解质量守恒定律，并能从化学反应中原子重新组合成新分子的角度出发来理解化学反应的质量守恒原因。能用质量守恒的概念来认识和解释一些社会生活中常见的现象，会用物质的量进行化学方程式的计算。

续表

年段	内 容
第三章 走进溶液世界	1. 了解天然水的自然循环和自然净化,初步了解自来水净化的基本原理。 2. 通过对电解水实验的分析,理解水是由氢元素和氧元素共同组成的。能够从微观的角度对这一化学反应做出解释。 3. 初步理解和认识悬浊液、乳浊液、溶液的基本概念,辨析它们的性质和区别。 4. 初步掌握二氧化碳、生石灰、硫酸铜和水的化学反应,知道结晶水合物的现象。 5. 知道影响物质溶解性的三个因素:溶质的种类、溶剂的种类和温度。 6. 理解饱和溶液与不饱和溶液的相互转化,并初步学会饱和溶液与不饱和溶液相互转化的原理和方法。 7. 初步理解溶解度的含义,并能够根据物质在不同温度下的溶解度,绘制溶解度随温度的变化曲线图。掌握溶液中固体、气体的溶解度变化规律。学会固体溶解度的简单计算。 8. 会应用固体溶解度变化曲线解决一些相关的问题,知道固体物质从溶液中析出晶体的变化规律,理解溶质结晶的化学原理,知道结晶水合物的存在和命名。 9. 初步理解溶质量分数的概念,掌握和学会溶质量分数的各种有关的计算。 10. 知道溶液pH值的范围和溶液酸碱性的关系。初步掌握和学会石蕊、酚酞、pH试纸的测试方法。
第四章 燃料及其燃烧	1. 理解燃烧的条件、灭火的基本原理,知道灭火的一般操作方法和常用燃料的灭火器的正确选用。初步了解并学会如何运用化学知识正确地选择合适的防火材料和灭火的方法。 2. 初步知道爆炸、缓慢氧化、自燃等现象的本质,知道燃料中氧气是否充足对可燃物充分燃烧产生的影响,理解使燃料充分燃烧的基本原理。 3. 初步知道金刚石、石墨、C_{60}的主要物理性质和化学性质以及主要用途,知道碳的同素异形现象以及同素异形体的基本概念。 4. 知道木炭、活性炭、焦炭、炭黑等无定形碳,了解木炭、活性炭的吸附性与主要用途。 5. 理解碳单质的主要化学性质——常温下的稳定性、可燃性、还原性。 6. 初步知道二氧化碳、一氧化碳的主要物理性质和主要用途,理解二氧化碳、一氧化碳的主要化学性质,根据性质可以解释一些关于我们日常生活的相关问题。 7. 了解石灰石、大理石的主要成分中含有碳酸钙,碳酸钙是自然界中常见的物质。了解石灰石、大理石是一种重要的矿物资源及其在生产、生活中的重要用途。 8. 知道碳酸钙、氧化钙和氢氧化钙相互转化的反应关系,了解溶洞的形成及其简单的反应过程。 9. 理解实验室制取二氧化碳的方法和反应原理,知道实验室制备二氧化碳使用的药品、仪器、实验装置和收集的方法。根据实验室制取氧气与二氧化碳的原理和方法,了解实验室制备气体的一般思路和方法。 10. 了解煤、石油、天然气是当今世界最重要的三大能源和化石燃料,知道煤、石油、天然气的主要成分及所含的元素,知道煤和石油人工炼制生产出的重要化学产品及其主要用途,了解开发天然气和绿色清洁能源的几种方法和途径。

续表

年段		内　　容
九年级第二学期	第五章　初识酸碱	1. 知道酸和碱的组成特点和分类。进一步掌握酸和碱的命名和规则。初步理解酸和碱的主要物理性质和化学性质。 2. 理解酸和碱之间可以发生中和反应，知道中和反应的产物和中和放热。进一步了解中和反应在工业生产、生活过程中的重要性和应用。理解借助酸碱指示剂可以判断中和反应是否发生。 3. 知道浓盐酸的挥发性和浓硫酸的脱水性。进一步理解稀盐酸和稀硫酸与金属氧化物的反应。理解稀盐酸的主要化学性质。了解盐酸的主要用途。 4. 掌握酸的五条化学通性。能用酸的五条通性来分析和设计化学实验。 5. 掌握氢氧化钠和氢氧化钙的主要化学性质，了解它们的用途。进一步掌握碱的通性。 6. 理解碱性氧化物、酸性氧化物的基本概念。
	第六章　常见的金属和盐	1. 了解金属的分类、共性及其用途。初步知道物质的用途在很大程度上取决于物质的性质，但同时还需要考虑到诸如物质的价格、资源、过程中产生的废料等等，以及物质是否能够易于利用和回收等其他的因素。初步认识金属材料与对人类的生活和对社会经济发展的密切关系。 2. 初步理解和认识常见的金属与稀盐酸、稀硫酸的置换反应，以及与盐溶液的置换反应，能用金属置换反应的顺序解释一些金属在日常生活中使用的有关问题。 3. 知道氢气的物理性质、化学性质和用途。理解氢气的化学性质（可燃性和还原性）。 4. 能根据盐的组成对盐进行正确分类。 5. 能够初步识记一些常见盐类结晶水合物的名称和化学式。掌握硫铜晶体受热发生分解反应的原理。 6. 会用焰色反应鉴别钠盐、钾盐。 7. 进一步理解盐的主要化学性质，理解复分解反应的基本概念以及反应发生的过程和条件，了解一些盐在生活中的重要性和应用。 8. 理解一些硫酸盐、盐酸盐的检验原理。 9. 知道常用化肥的名称和种类主要是包括氮肥、磷肥和钾肥，以及它们对于农作物的影响和作用。 10. 知道几种常用氮肥的名称和化学式。知道几种常见的磷肥、钾肥的化学成分。了解科学合理地使用化肥的意义和重要性。初步知道一些铵盐的化学性质和检验的方法。
	第七章　化学与生活	1. 知道有机物的基本概念，能从物质的组成上正确识别有机物和无机物。知道有机物的化学组成和特点，知道甲烷是最简单的有机物。知道甲烷、酒精等一些简单有机物的化学构成，了解甲烷及酒精的性质及主要用途。 2. 知道有机物在自然界中占绝大多数，种类繁多，性质各异，人类的日常生活和学习都离不开各种各样的有机物。 3. 知道维持人体正常生长发育所必需的六大重要营养素。知道人体每天摄入各种微量维生素的重要科学意义和对人体生命正常代谢活动的巨大影响和重要作用。知道保持膳食平衡对于整个生命的重要性和意义。

课程是鲜活的:"大视野课程"的旨趣与活性

第三节 感受化学的神奇魅力

为了实现上述课程目标要求,我们建构学校课程框架体系,让学生在熟悉的生活情景中感受化学之魔趣和重要性。

一、学科课程结构

《上海市中学化学课程标准》指出:化学学科课程内容确定了"科学探究""身边的化学物质""物质构成的奥秘""物质的化学变化""化学与社会的发展"五个内容主题[①],结合我校化学课程理念,让学生在熟悉的生活情景中感受化学的重要性和多姿多彩,同时通过趣味实验、建构模型、参观炼钢厂、垃圾码头等丰富多样的形式,体现化学之魔趣。为了让学生感受化学之魔趣和重要性,我校化学学科课程分为"魔趣微粒""魔趣物质""魔趣实验""生活化学"四个板块(见图5-1)。

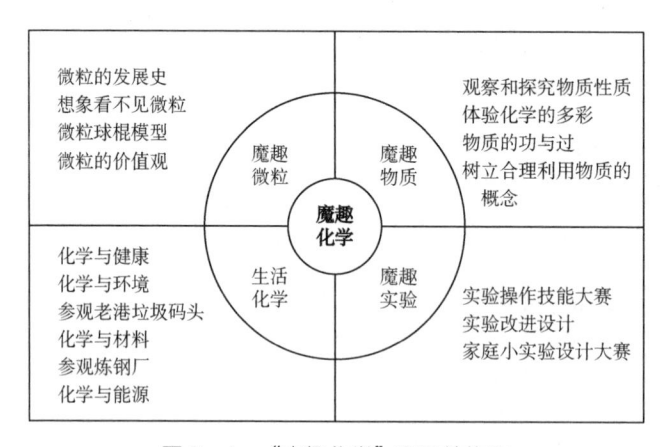

图5-1 "魔趣化学"课程结构图

---

① 上海市教育委员会.上海市中学化学课程标准[S].上海:上海教育出版社.2004:69—74.

（一）魔趣微粒

本主题将帮助学生用微粒的观念去学习化学，通过观察、想象、模型建构等方式使学生初步理解化学变化的本质；从五彩缤纷的宏观世界步入充满神奇色彩的微观世界，感受看不见的微粒，激发中学生学习化学的兴趣。"魔趣微粒"的教学形式有"微粒发展史"简介、"想象看不见的微粒"的存在、搭建"微粒球棍模型"、"微粒观的价值"。

"微粒发展史"简介：阿弗加德罗提出分子学说——道尔顿提出原子学说——汤姆生提出"葡萄干面包式"原子结构模型——卢瑟福提出原子结构模型。

"想象看不见的微粒"：微观世界看不见、摸不着，学生需要想象才能理解，才能进一步感受它的存在。例如：可以从学生熟悉的生活现象和简单实验入手，让学生感受和想象看不见的微粒是真实存在的，从而认识物质的微粒性，理解有关物质构成的微观概念。

"微粒球棍模型"：微粒是一个抽象的概念，通过搭建球棍模型，可以将看不见的分子、原子构成的微观世界直观地展现在学生眼前，使宏观和微观之间架起一座桥梁，可以帮助学生更深入地了解微观世界。

"微粒观的价值"：微粒观的形成，有利于引导学生将宏观与微观知识联系起来，揭示事物和变化的本质；有利于学生理解化学符号的意义；有利于培养学生的化学思维方式。

（二）魔趣物质

本主题引导学生观察和探究一些身边常见的物质，了解化学变化的奥秘，感受化学之魔趣，增强学生对化学的好奇心和探究欲望，使学生初步认识物质的用途与性质之间的关系，形成科学的物质观和合理利用物质的意识，让学生感受化学改善了人类的生活。"魔趣物质"的教学形式有："观察和探究物质的性质""体验化学的多彩"、探寻"物质的功与过"、通过生活中的实例"树立合理利用物质的观念"。

"观察和探究物质的性质":选取日常生活中学生熟悉的素材,引导学生观察和实验探究活动,得出物质的性质。

"体验多彩的化学":通过一些五彩缤纷的趣味实验,让学生体验化学之美和梦幻,好似魔法一般,从而激发学生学习化学的兴趣,最终爱上化学。

"物质的功与过":从物质的性质出发,探究物质的用途,帮助学生认识化学对社会发展和提高人类生活质量方面的重要作用。

"树立合理利用物质的观念":讲到化学,很多人都会想到一堆化学试剂,还会联想到化工厂对水、空气、土壤等环境的污染,联想到生活中很多无良商贩在食品中添加对人体健康有害的化学物质,这些让人们对化学产生了错误的认识。其实,只要合理利用物质,化学将更多造福人类。

(三) 魔趣实验

本主题中,实验可以让学生通过直观的实验现象得出实验结论,在整个实验的探究过程中又充满了乐趣,能充分发挥学生学习的主体性,激发学生学习化学的兴趣,培养学生的科学探究能力。所以,在实际教学中应尽可能创造条件,多开展课堂内外的、体现学生自主性的探究实验。魔趣实验的教学形式有:"实验操作技能大赛""实验改进设计""生活小实验设计大赛"。

"实验操作技能大赛":很多老师对实验不够重视,学生很少有机会动手做实验,实验操作能力很差,随着今年中考改革,化学实验操作考10分被纳入中考总分,这就要求教师在教学中重视培养学生的化学实验操作能力。不定期地举行"化学实验操作技能大赛",对学生的实验操作技能进行考核,考核落实到每个学生身上,力求让每个学生都能达到熟练掌握、灵活运用的程度。

"实验改进设计":教材中有些实验在设计上存在缺陷,有的精确度存在较大误差,有的对环境造成污染,有的存在安全隐患等等,针对教材中部分实验存在的问题和不足,引导学生自主思考,发现实验中的问题,对实验进行改进与创新,使其更具有正确性、创新性、环保性、科学性,从而培养学生的实验能力、创新精神和科学严谨的实验态度。

"家庭小实验设计大赛"：化学家庭小实验是中学化学实验的重要组成部分，同时也是化学课堂教学的补充和延伸。家庭小实验的材料都是生活中的一些常见物质，非常容易获得，教师应鼓励学生利用课堂上所学知识，在生活中设计并进行一些小实验加以印证，这样才能留下深刻的记忆。

(四) 生活化学

本主题的教学形式：从"化学与健康""化学与环境""化学与材料""化学与能源"这四个方面着手，结合大量具体的真实事件以及参观药厂、老港垃圾处理厂、炼钢厂等等，使学生知道自然资源并不是"取之不尽，用之不竭"的，人类要合理开发和利用资源，树立保护环境的意识，同时，让学生体会化学的重要性。

"化学与健康"：化学研制了各种药物，能及时有效地防止病情的进一步恶化，治愈了很多疾病，它对于我们人类健康有促进作用。比如，今年的新冠疫情治愈过程就要用到大量药物，这些药物大多数都是化学合成的。

"化学与环境"：在人们的意识中已经把化学和污染画上了等号，但实际上，造成污染的决定性因素是人。通过播放一些真实事件的视频来印证造成污染的主要因素是人，同时选择一些化学治理污染的事例，参观老港垃圾处理厂，帮助学生树立正确的化学观，避免对化学产生恐惧心理和偏见。

"化学与材料"：材料的发展离不开化学，选择生活中常见的材料，如钢铁、合成纤维、塑料、合成橡胶等等，认识并会区分它们。通过参观钢铁厂、塑料厂，播放一些关于材料合成的视频，让孩子认识到化学研发了各种材料，改善了人们的生活。

"化学与能源"：化石燃料是人类生产生活的主要能源，随着全球能源使用量的不断增长及不科学使用，化石燃料等不可再生能源已经日益枯竭，并对环境产生了严重的影响。这就要求人们要不断开发新能源，使用对环境污染较小的燃料。

二、学科课程设置

"魔趣化学"是以九年级化学上、下册为基础,从生活中常见的化学现象出发,以微观到宏观——宏观物质的性质和用途探究——化学实验探究——化学回归生活为线索,体现化学之魔趣和重要性。具体课程设置见表 5-2。

表 5-2 "魔趣化学"课程设置表

课程学期	魔趣微粒	魔趣物质	魔趣实验	生活化学
九年级第一学期	1. 微粒发展史简介 2. 感受并想象微粒 3. 观看化学反应的微观过程视频 4. 通过原子模型建构分子的构成和化学变化的微观实质,使抽象的微粒具体化 5. 架起微观与宏观的桥梁 6. 物质的量和摩尔质量	1. 空气及空气组成的探究 2. 神奇的氧气来源、制取、实验探究其性质、用途 3. 合理使用氧气 4. 水的分布,实验探究水的组成和性质 5. 溶液的应用 6. 碳的性质和用途 7. 二氧化碳的来源、工业和实验室制取方法,实验探究其性质和用途 8. 合理使用二氧化碳	1. 学生实验,感受多彩化学实验现象,体会化学之魔趣 2. 空气中氧气体积分数测定实验演示,让学生讨论,找出实验中的缺陷和不足,查阅资料,设计实验改进方案 3. 氧气制取实验 4. 质量守恒定律实验 5. 实验探究结晶方法 6. 酸碱指示剂的使用实验和应用 7. 碳和一氧化碳实验视频播放 8. 二氧化碳的实验室制取 9. 二氧化碳性质实验	1. 氧气在生活中的应用,如供给呼吸、富氧炼钢、火箭发射助燃剂等等 2. 合理使用氧气,过量会导致氧中毒 3. 碳在生活中的应用,如防毒面具、除臭、炭雕、笔心等等 4. 一氧化碳在生活中的用途,如燃料、冶炼金属等等 5. 合理使用一氧化碳以防中毒 6. 二氧化碳在生活中的应用,如灭火、制冷剂、人工降雨剂、气体肥料等等 7. 二氧化碳引起温室效应,二氧化硫引起酸雨 8. 合理使用化石能源并开发和使用污染小的新能源 9. 参观老港垃圾处理厂

续表

课程学期	魔趣微粒	魔趣物质	魔趣实验	生活化学
九年级第二学期		1. 常见的酸及其性质和用途 2. 常见的碱及其性质和用途 3. 常见的盐及其性质和用途 4. 常见的金属及其性质和用途 5. 酸碱盐的分类和命名 6. 生活中的有机化合物 7. 食品中的营养素 8. 化肥	1. 酸碱中和反应实验 2. 酸的性质实验 3. 碱的性质探究实验 4. 氢氧化钠溶液和二氧化碳反应的探究实验，小组讨论，设计新的实验方案 5. 金属的性质实验探究 6. 探究金属的活动性实验 7. 铜树的形成实验	1. 酸碱中和反应在生活中的应用 2. 生活中常见的酸和碱及应用 3. 根据碱溶液的性质，处理生活中的废气，如二氧化硫 4. 焰色反应在生活中的应用，如五彩缤纷的烟花爆竹 5. 金属的冶炼，参观炼钢厂 6. 常见的一些盐在生活中的用途，如食盐、硫酸铜等 7. 化肥的合理使用 8. 化学与健康

第四节 深刻理解化学的价值

《上海市中学化学课程标准》指出：教学实施应贯彻教师为主导和学生为主体相结合的原则，有机地渗透思想政治、道德品质、情感意志乃至人格的养成教育。提倡采用探究性学习的方式，坚持启发式，让学生积极参与，避免注入式。同时，对于学生的评价应包括认知、动作技能和情感三个领域，结合学科、个性和社会三个方面的发展展开。此外，还应对创新精神、实践能力、科学方法、科学态度和行为作出评价。[①] 因此，

[①] 上海市教育委员会.上海市中学化学课程标准[S].上海：上海教育出版社.2004：93—96.

"魔趣化学"课程通过构建"魔趣课堂"、建立"魔趣社团"、创设"魔趣实验"、开展"魔趣探究"等形式,多角度开展"魔趣化学"课程,并引入包括认知、动作技能和情感等的多维度评价体系,让学生在魔趣化学中学到知识、丰富见识、积极思考、主动探究。

一、构建"魔趣课堂",提升学科课程品质

"魔趣课堂"提倡创设情境,将生活与课堂紧密结合。这要求教师将传统的教学设计,改变为设计情境化的学习环境,针对特定的学习目标,将学习内容安排在情境化的真实学习活动中,让学生通过参与真实的问题求解等实践活动,获得更有效的学习方法和知识。

(一)"魔趣课堂"的实施细则

化学是一门与生活联系紧密的学科,很多的知识都能与生活常识相联系,学生在学习化学时,教师要尽可能地创设学习情境,激发学生的学习兴趣和求知欲望。比如,在进行"生活中的酸与碱"这一章的学习时,教师可以先让学生举出生活中常见的具有酸碱性的物质,让学生对酸碱性有一个生动的认识,再介绍不同的酸与碱的性质,从而启发学生思维,提高学习的主动性。同时,还可以通过介绍一些时事新闻、热门广告等,将课本上抽象的知识与生活中常见常听的事物结合,引起学生的兴趣,提高学习积极性。具体操作如下:

1. 做实验,创设情境。利用与本节内容有关的实验作为引入,引导学生认真观察实验现象,并提出问题,学生带着问题进行接下来的学习,使学生不断地完成"同化"和"顺应",建构新的认知结构。

2. 引用实际问题,创设问题情境。提出一个生活中常见却很少引起关注的问题,启迪学生思维,激发学生兴趣。教师要抓住时机,依据问题情境所提供的各种线索,引导学生多角度、多方位地对情境内容进行分析、比较、综合,用实际问题创设问题情境,能让学生有一种身临其境的感觉。

3. 讲故事,创设情境。利用讲故事的方式,学生更能投入情感,积极性也容易被调动。创设故事情境就是要调动学生视听觉等尽可能多的感官理解和建构知识。

(二)"魔趣课堂"评价要求

表 5-3 "魔趣课堂"评价表

评价项目	评 价 指 标	评价等级
教学目的	1. 教学目标全面、具体、明确、符合学生实际 2. 重点难点的提出与处理得当,所教知识准确 3. 教学目标达成意识强,贯穿教学过程始终	
教学程序	1. 教学思路清晰,课堂结构严谨,教学密度合理 2. 面向全体,体现差异,因材施教 3. 传授知识的量和训练能力的度适中 4. 给学生创造机会,让他们主动参与,主动发展 5. 体现知识形成过程,结论由学生自悟与发现	
教学方法	1. 精讲精练,体现思维训练为重点,落实"双基" 2. 教学方法灵活多样,符合教材、学生和教师实际 3. 教学信息多项交流,反馈及时,矫正奏效 4. 从实际出发,运用现代教学手段	
情感教育	1. 教学民主,师生平等,课堂气氛融洽和谐,培养创新能力 2. 注重学生动机、兴趣、习惯、信心等非智力因素培养	
教学效果	1. 教学目标达成,教学效果好 2. 学生会学,学习生动,课堂气氛活跃 3. 信息量适度,学习负担合理,短时高效	

二、 建立"魔趣社团",推进兴趣爱好课程

"魔趣社团"主要针对对化学感兴趣的学生,利用课外时间开展化学探究和学习。很多学生感到化学是一门神秘的学科,不知道学习化学有什么用处,其实生活中各个方面都涉及到化学知识。社团活动可以跳脱课本,让学生看到化学更鲜活的一面,从而增强学习化学的兴趣。

(一)"魔趣社团"的主要内容

1. 开展趣味化学实验。指导教师组织学生开展趣味化学实验,在实验中培养学生的实践能力,并将所学知识渗透进实验中,让学生在实践中学习,在学习中收获。同时老师在保证安全的前提下鼓励学生动手尝试,促进学生自主、多元发展,让每个学生获得成功的体验,从而做到乐学。

2. 制作微粒模型。化学的核心素养中第一项就是要求学生具有"宏观辨识与微观探析"的能力。在初三化学中,学生将学习"原子""分子"等微粒的概念,在魔趣社团中,指导老师带领学生搭建微观粒子的模型,能帮助学生更形象地理解微观物质的结构与性质,并结合学生对于宏观物质的学习,从而培养学生宏观辨识与微观探析的能力。

3. 化学史的介绍。从炼丹师、炼金术师到现代化学家,化学家的故事是有趣的,而正是他们的刻苦钻研,串起了整个化学学科的发展。在这数百年的发展历程中,发生了哪些奇妙的故事,其中又渗透了怎样的科学精神,通过化学史的介绍,学生能更深刻地了解知识背后的故事,感受知识的来之不易。

4. 科普生活小常识。我们生活的世界是一个由元素和物质组成的世界,可以说是一个化学的世界,从衣食住行,到我们用于改造世界的力量,这一切都蕴含着化学知识。指导老师可介绍生活中常见的事例,阐述背后蕴含的化学知识,也可鼓励学生通过网上查阅信息,制作展板或幻灯片向其他同学介绍与化学相关的生活小常识。

(二)"魔趣社团"评价要求

表 5-4 "魔趣社团"评价表

评价对象	指标体系	评定标准	
		等级内容	评定等级
社团工作	1. 组织建设方面	1. 章程、制度健全 2. 人员设置	

续表

评价对象	指标体系	评定标准	
		等级内容	评定等级
	2. 活动目标与计划方面	1. 有年度活动目标 2. 活动目标明确且具体 3. 有实现目标的行动计划	
	3. 学生活动方面	1. 工作积极主动,活动到场率高 2. 生生合作、师生互动好 3. 学生有问题意识 4. 学生有较多的体验和感受	
	4. 指导教师、社长表现	1. 服务意识强,为社员办实事 2. 积极参加学校组织的培训或会议 3. 指导教师和社长经常交流工作情况,工作顺利开展 4. 工作能力强	
	5. 活动成效方面	1. 活动正常开展,受到学生社团成员的欢迎和校领导的肯定 2. 学生活动自主性高,学生得到充分的锻炼 3. 活动在校园网上有宣传或活动有成果 4. 活动在教育网或报纸杂志上有宣传报导或获市级以上奖	
	6. 环境建设	1. 能理解学校的困难并克服 2. 有固定的活动场地 3. 活动场地布置适合学生的发展和社团的个性特点 4. 活动场地保持整洁	
	7. 活动记录记载和资料保存方面	1. 记录记载及时 2. 各种记录记载保存完好 3. 开展优秀社员评比 4. 已建立社团成员活动档案袋	
	8. 活动安全方面	1. 无重大安全事故 2. 社团每次出校活动向学校申请批准 3. 活动安全措施到位 4. 活动的同时,培养学生的安全意识	

三、 创设"魔趣实验",培养动手操作能力

实验是学习与研究化学的基础,却也是现在学生最为薄弱的地方,尤其到了初三,教师往往会花大量时间刷题,却忽略了对学生动手操作能力的培养,而在新一轮的中考改革中,实验操作技能越来越受到重视,这也为未来的化学教学提供启示。

(一)"魔趣实验"的主要内容

1. 创设"实验操作技能竞赛"。教师事先组织学生进行赛前辅导,在比赛中认真观察学生的表现与存在的问题,并根据学生的实验规范程度与最后的成果进行评价与打分,最终评选出比赛的优胜者。通过这样的良性竞争,使学生提高对化学实验操作的重视,创造重视实验的学习氛围,也为中考实验操作考试打下良好的基础。

2. 组织"家庭小实验设计大赛"。要求学生首先结合生活经验提出问题,在提出问题的基础上作出合理假设,并利用家庭中已有的材料,如食醋、酒精等,进行家庭小实验设计,有条件的同学在保证安全的前提下自主开展实验,并将实验现象与结论进行记录,完成一份完整的实验设计方案。

3. 开展实验改进。对于教材中一些存在缺陷的实验,针对性地提出问题,如是否会污染环境,是否存在安全隐患,是否测量不够准确,并结合已学的知识,在指导老师的帮助下,进行实验的改进与创新,提高实验的正确性与创新性。

(二)"魔趣实验"的评价要求

表5-5 "魔趣实验"评价表

评价对象	评价体系	评定标准	
		等级内容	评定等级
实验学生	设计实验	1. 能正确读懂实验要求,并根据实验要求提出自己的研究问题 2. 能提出自己合理的猜想或假设 3. 写出自己设计的实验方案	

续表

评价对象	评价体系	评定标准 等级内容	评定等级
实验学生	实验操作	1. 实验材料、实验仪器选取正确 2. 熟悉所选的仪器,并能正确使用,合乎规范,注意安全 3. 按正确的实验步骤,通过观察、实验、制作等活动,进行操作验证 4. 实验过程中,集中精力,仔细观察,正确读取数据,及时记录原始实验数据的习惯 5. 实验结束后,能将所用仪器、物品及时放回原处,保持卫生 6. 实验态度认真、严谨,实验过程有条理,动作敏捷规范	
	实验结论	1. 对于开始的问题,能写出发现或根据实验现象,通过简单的思维加工得出结论 2. 书写工整,表达清楚,对于开始的问题,能得出正确的结论	

四、开展"魔趣探究",在实践中感悟化学真谛

"魔趣探究"提倡"走出去学化学",将实践与理论知识相结合,在实践中激发学生的社会责任感,提高学生的综合素质。教师可根据需要和可能,组织学生参观炼钢厂、老港垃圾码头等场所,并且带着问题去参观,深入了解化学知识在生活生产中的应用,从而使抽象的知识形象化,使学习更贴合实际。

(一)"魔趣探究"的主要内容

在浦东新区南片地区,有很多与化学相关的工厂企业,这是我们化学教学中很好的资源,学生在学习某些化学知识时往往将内容停留在课本或练习中,而无法与现实生活将结合。通过参观访问化工厂,不仅能使学生了解常见工业原料的生产,开阔学生视野,还是开展研究性学习的一个契机;通过参观老港垃圾码头,学生能够清楚地了解目前垃圾处理的现状及垃圾分类的基本原则,从而鼓励与引导学生科学处理生

活垃圾。参观结束后,学生撰写调研报告或实践报告,将自己的所见所闻所思所想记录在报告中,老师也能将学生参观时的表现与调研报告相结合,作为评价学生的依据。

活动具体流程如下(以参观化工厂为例):1. 通过年级组平台组织同学报名参与。2. 带队教师提前进行路线的规划并进行踩点,保证前往与返回过程中学生的安全。3. 活动前一周,确定好活动参与学生名单,通知好时间、集合地点、注意事项。4. 活动当天带队老师在规定时间节点前集合好参与学生,再一次交代安全等相关事宜,然后统一带领前往化工厂。5. 到达工厂后,先由工作人员简单讲解工厂概况,让学生对工厂的基本情况有初步的了解。后在工作人员的带领下参观工厂,人数多的情况下可联系厂方设计多条参观路线。参观完毕后组织与工作人员的交流活动,工作人员分享工作经验,参观学生也可向工作人员提问,进一步了解工作。6. 活动过程中带队老师协助工作人员维持好现场秩序,并开展基本工作。7. 活动全部结束后,带队老师确定好人员,集合完毕后统一带领返回学校。

(二)"魔趣探究"的评价要求

表 5-6 "魔趣探究"评价表

评价项目	评价情况
1. 报告选题是否具有积极的社会意义	
2. 是否全面如实阐述某个社会现象和社会问题	
3. 调查报告的真实性与现象陈述的合理性	
4. 现象分析是否深刻、翔实;报告中是否有个人见解或结论	
5. 报告结构是否严谨、逻辑性强	
6. 报告语言是否简洁流畅,叙述清楚明了	
7. 字数是否符合要求	

化学是一门实用且充满乐趣的学科,由于传统课堂的局限性,很难将化学的魅力完整地呈现在学生的面前,而通过多形式地开展"魔趣化学"课程,能很好地培养和发展学生的观察能力、思维能力、实践能力、创造能力和自学能力。让学生体会到学习并不只是苦和累,更多的是努力与实践之后得到最甜美的果实。我们希望通过"魔趣化学"课程,让不懂化学的人了解化学,让了解化学的人热爱化学!

(撰稿人:宋丽丽　陶志军　张彦红　金惟肖)

第六章

美丽课堂：让心灵纯粹而高尚

让每一个人心灵纯粹而高尚是道德与法治学科的使命。唤醒心灵中的美丽，塑造美丽的心灵，倾听内心深处的声音，探索心灵的美丽之路，是道德与法治学科课程的旨趣。道德与法治学科强调道德、心理健康、法律及国情等内容的有机整合，它致力于实现道德与法治的内在融合，在培养学生道德素养的同时，努力增强学生的法律意识，助推学生的健康成长。

上海市南汇第二中学道德与法治教研组是一个充满朝气、团结奋进的集体。教研组现有中学一级教师3人、区骨干教师2人，始终坚持以德育为核心，以培养学生的创新精神、探究意识和实践能力为重点，全面推进素质教育，在区教研室领导和学校领导的关心、支持下，取得不少成绩。为进一步推进我校道德与法治学科课程建设，教研组依据义务教育《思想品德课程标准（2011年版）》，推动我校别具特色的"美丽道法"课程群建设，取得了可喜的成效。

第一节 唤起心灵中的美丽

一、学科性质

《义务教育思想品德课程标准（2011年版）》指出："本课程是以初中生生活为基础、以促进初中生思想品德健康发展为目的的一门综合性的必修课程。主要有以下特性："思想性""人文性""实践性""综合性"。[①]

我们认为，教育就是唤起心灵中的美丽，道德与法治课程的核心价值是以塑造美好心灵和提升学生法治素养为目标，形成正确的世界观、人生观和价值观，用优秀的人类文化和中华民族精神陶冶学生心灵，用社会主义核心价值观引领学生发展，提升学生的人文素养。引导学生自主参与丰富多样的活动，在认识、体验与践行中促进正确思想观念和良好道德品质的形成和发展，培养学生的实践能力。把对道德、心理健康、法律和国情等多方面的学习内容进行有机整合，使之与学生的社会生活、学校生活和家庭生活紧密联系，将对学生在这些领域中的知识与技能、过程、能力与方法、情感态度价值观的培养融为一体，提升学生的综合水平。

---

① 中华人民共和国教育部.义务教育思想品德课程标准（2011年版）[S].北京：北京师范大学出版社，2012：1.

二、学科课程理念

依据义务教育《思想品德课程标准(2011年版)》文件精神,结合我校的实际情况,将道德与法治学科的核心概念定义为"美丽道法",我们的价值追求是让学生心灵纯粹而高尚。

"美丽道法"是健康的课程。让学生逐步形成正确的世界观、人生观、价值观和基本的善恶、是非观念,过积极健康的生活,成为对社会、国家、世界有见识和负责任的合格公民。

"美丽道法"是生活的课程。让学生在逐步扩展的生活经验的基础上,与他们一起体会成长的美好、面对成长中的问题,为初中生正确认识自我,处理好与他人、集体、国家和社会的关系,提供必要的帮助。

"美丽道法"是体验的课程。让学生通过道德践行促进思想品德的健康发展,将正确的价值引导蕴涵在鲜活的生活主题之中,注重课内课外相结合,鼓励学生在实践中进行积极探究和体验。

总之,道德与法治课程教学,以初中学生生活为基础,引导和促进学生的品德发展和法治意识的形成,关注每一个学生的发展,塑造学生美好心灵,起到立德树人的作用。

第二节 塑造心灵中的美丽

为了体现学科性质和学科理念,我校道德与法治教研组在课程标准的指导下,积极开展校本化研究,打造"美丽道法",帮助学生培养优秀的道德品质,树立基本的法治观念,促进学生的健康成长,塑造心灵中的美丽。

一、学科课程总体目标

义务教育《思想品德课程标准(2011年版)》指出,本课程以社会主义核心价值体系为指导,旨在帮助学生提高道德素质,形成健康的心理品质,树立法律意识,增强社会责任感和社会实践能力。引导学生在遵守基本行为准则的基础上,追求更高的思想品德目标,为使学生成为有理想、有道德、有文化、有纪律的好公民奠定基础。[①]

二、学科课程年级单元目标

通过对学生进行法治教育,规范学生行为,从而提高社会道德整体水平,我校道德与法治教研组依据课程标准及"美丽道法"的课程总体目标,依据教材和教参,结合我校实际,精心设计每个单元的单元目标,制定了学科课程年级单元目标。这里,我们以七年级为例说明(详见表6-1)。

表6-1 学科课程年级单元目标表

年级单元	目 标
七年级 第一学期	第一单元：青春时光	1. 知识与技能目标：说出青春期的一些基本的生理和心理常识,了解青春期特有的一些心理矛盾和心理特征。知道男生女生性别特征的不同,懂得如何优势互补。清楚青春期异性交往的正常性与必要性,积极、大方、勇敢地与异性交往,相互学习,共同完善。明确"行己有耻"、"止于至善"的内涵和要求及榜样的作用。 2. 过程、能力与方法目标：通过探究与分享,感受行为和后果的联系及动画等多媒体手段,理解青春的成长不仅仅是身体变化,我们的心理也在不断成熟。掌握青春期异性交往的技巧及原则,懂得在交往中自重自爱,并且尊重与之交往的异性,真正实现异性效应、性别互补。学会对自己的行为负责,重视修身,养成自我省察的习惯,做到慎独。 3. 情感、态度与价值观目标：体会以乐观的心态面对青春期,以积极的心态和积极的行为去追求青春。以客观的态度正确对待男女生性别差异,形成男女生要取长补短、优势互补的意识。侧重生命经历的角度,凸显青春生命的能量与活力,意识到拥有生命发展的多种可能性。青春期的我们要知廉耻,懂荣辱,有所为,有所不为,养成自我省察的习惯。

[①] 中华人民共和国教育部. 义务教育思想品德课程标准(2011年版)[S].北京：北京师范大学出版社,2012：2.

续表

年级单元	目标
第二单元：做情绪情感的主人	1. 知识与技能目标：知道最常见的情绪种类，懂得不良情绪是可以调控的，掌握情绪调控的一些有效方法。清楚情感与情绪的关系及情感的作用。了解情感如何产生，会分析负面情感体验对我们的影响，理解生活中不断创造、传递美好情感体验。 2. 过程、能力与方法目标：运用多媒体学习参与讨论、分析，充分发挥学习自主性，从而正确认识我们在情感中的成长，对正负情感有体验。把握情绪的多样性，辨别分析不同情绪可能带来的不同后果，保持乐观心态。逐步掌握一些情绪调控的有效方法，培养自我调适、自我控制的能力，能够较理智地调控自己的情绪。养成自主探究、自主交流，认识我们的情感世界。 3. 情感、态度与价值观目标：充分认识调控自己的情绪对于个人行为和生活的重要性。正确处理学习、生活中的情感问题，保持健康、积极、愉快、乐观向上的精神状态。把握好负面情感体验对生活的影响，保持身心愉悦，逐步丰富我们对生活、对人生的美好情感。
七年级第二学期 第三单元：在集体中成长	1. 知识与技能目标：知道集体的含义，理解在集体中，我们扮演不同的角色，承担不同的责任。了解集体愿景的内涵及其作用，明确美好集体的内涵及其对我们成长的意义，学会处理我与他人和集体关系。 2. 过程、能力与方法目标：通过开展活动，能正确处理个人与集体的关系，让集体的和声更美。认识到一个美好的集体对我们成长的重要意义，学习如何与集体相处后，能正确处理班集体中不同的意见、竞争与合作，正确处理集体中的人际关系，在集体活动中体会温暖与力量。 3. 情感、态度与价值观目标：树立集体意识，调整自己的节奏，融入集体的旋律，排除角色冲突带来的烦恼。培养学生的团队意识，提高学生的集体生活能力。热爱集体，主动参与班级和学校活动，有集体荣誉感，感受学校生活的幸福，体会团结的力量。
第四单元：走进法治天地	1. 知识与技能目标：知道法律是一种特殊的行为规范及我国通过法律手段对未成年人进行特殊保护。理解法律的特征和作用，了解未成年人需要特殊保护的原因。 2. 过程、能力与方法目标：通过课前调查、课堂观察、课堂交流等环节，感受法律与生活密不可分，初步形成自觉按照法律要求规范自己行为和运用法律维护自己、他人和集体的合法权益的能力。 3. 情感态度与价值观目标：体会法律特殊的关爱和保护，初步树立尊重法律、敬畏法律、遵守法律的意识。感悟共治对国家和个人生活的意义与价值，做法治社会的合格公民。

第三节　倾听内心深处的声音

为了实现学科课程总体目标、学科课程年级单元目标，以德育人，以法护人，坚持必修课与选修课的有机统一，实现全面发展与个性发展的统一，为学生提供更多选择，打造了富有个性的"美丽道法"框架，倾听心灵深处的美丽。

一、学科课程结构

依据《义务教育思想品德课程标准(2011年版)》文件精神："以初中生逐步扩展的生活为基础，以初中生成长过程中需要处理的关系为经，以道德、心理健康、法律、国情等内容为纬，基础明确、经纬交织、科学设计"。[①] 结合学校发展需求，联系四学年六册教材各个单元的学习主题，重视整合不同领域的知识，建构了具有我校特色的美丽道德、美丽心理、美丽法学、美丽国情的综合性课程(详见图6-1)。

1. 美丽道德。通过国家课程"道德与法治"，提高学生的道德修养与法治意识，引导学生健康成长。通过校本课程"文明礼仪大课堂"，知道文明礼仪是我们中华民族的传统美德，崇尚礼仪、践行文明是人类共同的责任。通过校本课程"感悟《弟子规》"，领悟中国传统文化的价值，教导我们为人处世的规范。教学方式主要采用课堂教学、讨论交流等。

2. 美丽心理。通过国家课程"道德与法治"，提高学生的心理承受能力，促进学生心理健康成长。通过校本课程，"心理辅导：情景剧——我的人生我做主"，树立榜样人物，形成正确的自我认知。教学方式主要采用课堂教学、情景体验、角色扮演等。

---

① 中华人民共和国教育部.义务教育思想品德课程标准(2011年版)[S].北京：北京师范大学出版社，2012：2.

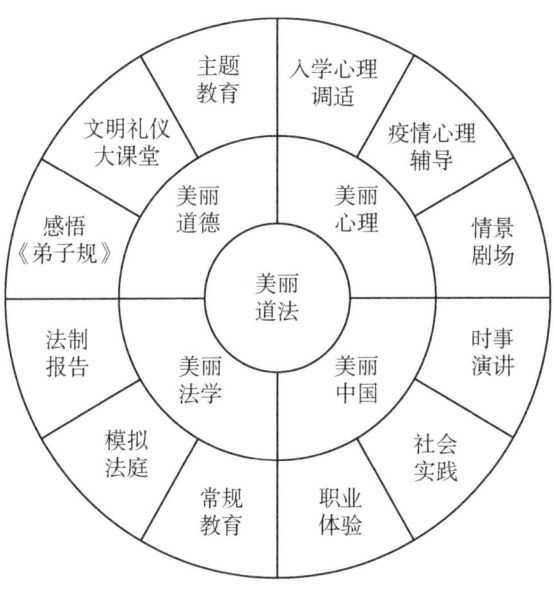

图 6-1　学科课程结构图

3. 美丽法学。通过国家课程"道德与法治",提高学生的法律意识,增强法治精神,做一名学法、懂法、守法、护法的中学生。教学方式主要采用聆听法治报告,举行法律知识竞赛,法治手抄报评选活动等。

4. 美丽中国。通过国家课程"道德与法治",提高学生的爱国热情,引导学生了解我国的政治、经济、生态环境等基本国情等。教学方式主要采用课前 5 分钟时事演讲及开设新闻小记者团、社会实践、职业体验等。

二、学科课程设置

依据《义务教育思想品德课程标准(2011 年版)》文件精神,紧扣道德与法治学科的特点,我校道德与法治组依据四个年级学生身心发展特点和课程的内在逻辑,设置了以年级为纵向,以学科课程为横向的多方面、多维度的"美丽道法"。拓展类学科课程设置如下(详见表 6-2)。

表 6-2 "美丽道法"课程设置表

学期	美丽品德	美丽心理	美丽法学	美丽中国
六上	1. 文明礼仪大课堂：礼仪概述、礼仪特征、礼仪原则、礼仪作用、尊敬师长、友爱同学、懂得感恩 2. 主题教育：努力就有改变、少年有梦 3. 感悟分享：《弟子规》 4. 辨析：关于梦想与现实的几种观点	1. 心理辅导：新生入学心理辅导 2. 交友指南：交友智慧 3. 学习期待：学习新天地 4. 情景剧：你会因为怕麻烦而拒绝友谊吗	1. 常规教育：中学生行为规范 2. 友谊的澄清：区分什么是真正的友谊 3. 辩论：要不要和网友见面 4. 活动宣传：《走进法治、护我成长》 5. 法治报告：学法、守法、护法	1. 时事演讲：课前5分钟时事演讲 2. 母校成长史：了解学校的历史国情 3. 社会实践：敬老服务我先行 3. 纪录片：《中国梦》 4. 小记者团：建立新闻小记者团 5. 观看纪录片：《美丽中国》
六下	1. 文明礼仪大课堂：孝亲敬长、"道德礼仪墙" 2. 主题教育：生命至上 3. 故事分享：抗击疫情医疗队的感人故事 4. 感悟分享：《弟子规》	1. 心理辅导：疫情心理辅导 2. 情景剧：请选择你面对挫折时的感受作为题材 3. 观看心理电影：《当幸福来敲门》	1. 讨论：网络是一把双刃剑 2. 讨论：敬畏生命 3. 法律解读：传染病防治的法律规定 4. 演讲比赛：《学法、守法、护法》 5. 模拟法庭：校园偷窃	1. 时事演讲：课前5分钟时事演讲 2. 小记者团：发布两会精神，了解祖国发展 3. 观看纪录片：《抗击疫情》 4. 知识竞赛："关心国家大事、关注时事政治"
七上	1. 文明礼仪大课堂：中国传统礼仪、待人接物礼仪 2. 感悟分享：《弟子规》 3. 主题教育：青春有格、萌动少年 4. 辩论赛：《青春就要放纵》	1. 心理辅导：青春的烦恼 2. 大讨论：《调节情绪我有招》 3. 情景剧：《青春有烦恼怎么办》	1. 行己有耻：生活规则面面观 2. 征文比赛：读《大学》有感 4. 探究：生活规则我知晓 4. 活动宣传：《走进法治、护我成长》 6. 法治报告：学法、守法、护法	1. 时事演讲：课前5分钟时事演讲 2. 观看纪录片：《长征》 3. 社会实践：牵手致立——爱心超市活动

第六章 美丽课堂：让心灵纯粹而高尚

续表

学期	美丽品德	美丽心理	美丽法学	美丽中国
七下	1. 文明礼仪大课堂：文明礼仪在心中演讲 2. 感悟分享：《弟子规》 3. 主题教育：我爱我班、班级责任我有份 4. 讲故事比赛：《我是班级的主人，我爱它》 5. 探究：《我是班级值日生》	1. 心理辅导：疫情心理辅导 2. 情景剧：美好集体创设大家谈 3. 辩论赛：当班干部影响学习 4. 观看心理电影：《叫我第一名》	1. 小探究：《伴随一生的法律知多少》 2. 案例征集活动：护法用法案例征集 3. 模拟法庭：入室偷窃 4. 课本剧：我是小小交通协管员	1. 时事演讲：课前5分钟时事演讲 2. 社会实践：蓝天下至爱——慈善募捐活动 3. 小记者团：采访两会代表 4. 观看纪录片：《抗击疫情》
八上	1. 文明礼仪大课堂：排队礼仪、地铁礼仪、个人卫生礼仪 2. 主题教育：社会生活讲道德、责任与角色同在 3. 感悟分享：《弟子规》	1. 心理辅导：学会与人合作 2. 情景剧：如何尊重他人、关爱他人 3. 观看心理电影：《当幸福来敲门》	1. 常规教育：做守法的公民 2. 案例征集：青少年法治教育教案征集活动 3. 活动宣传：《走进法治、护我成长》 4. 法治报告：学法、守法、护法	1. 时事演讲：课前5分钟时事演讲 2. 社会实践：参观上海博物馆 3. 小记者团：寻找身边令我们感动的劳动者，与同学分享典型事迹
八下	1. 文明礼仪大课堂：登门拜访礼仪、与人交谈礼仪、探视病人礼仪 2. 主题班会："向正义榜样学习"主题班会 3. 感悟分享：《弟子规》	1. 心理辅导：疫情心理辅导 2. 心理情景剧："分黄金"（体悟公平的具体做法） 3. 心理情景剧："我的人生我做主" 4. 观看心理电影：《叫我第一名》	1. 法律解读：坚持宪法至上、公民权利与义务 2. 模拟法庭：入室抢劫 3. 走访：部分违纪学生走访司法机关	1. 时事演讲：课前5分钟时事演讲 2. 小记者团：采访身边的人大代表 3. 纪录片：《一带一路》

137

续表

学期	美丽品德	美丽心理	美丽法学	美丽中国
九上	1. 文明礼仪大课堂：诚实守信、出行礼仪 2. 主题教育：踏上强国之路 3. 晒晒我家的幸福生活：简述照片背后的故事 4. 观看影片：《辉煌中国》	1. 心理辅导：自信中国人 2. 制作职业期望卡：完成未来职业期望排序	1. 短剧比赛：校园法治短剧比赛 2. 走访：走访本地区的政府部门，学习如何参与民主生活 3. 活动宣传：《走进法治、护我成长》 4. 法治报告：学法、守法、护法	1. 时事演讲：课前5分钟时事演讲 2. 实践活动：云游故宫 3. 主题讨论：我国资源面面观 4. 观看纪录片：《绿水青山就是金山银山》 5. 职业体验课：清美职业体验
九下	1. 文明礼仪大课堂：诚实守信感悟、涉外礼仪 2. 主题教育：少年的情怀与抱负、少年强中国强 3. 感悟分享：《弟子规》 4. 演讲：奋斗的青春最美丽	1. 心理辅导：疫情心理辅导 2. 情景剧：缓解考试压力的几种方法 3. 我的毕业季：职业规划	1. 法律解读：《宪法》 2. 观看纪录片：《中国蓝盔》 3. 演讲比赛：学法、守法、护法 4. 法律知识竞赛：法律知多少	1. 时事演讲：课前5分钟时事演讲 2. 模拟国际会议：以"全球公共卫生治理"为议题 3. 分组讨论：如何将构建人类命运共同体的理念落实在行动上

第四节　探索心灵美丽之路

《义务教育思想品德课程标准(2011年版)》明确指出："教学是落实思想品德课程标准、达成思想品德课程目标的主要途径和基本环节。教学的组织与实施，应以思想品德课程标准为依据，遵循初中学生身心发展和思想品德形成与发展的规律。要坚持正确的思想导向和价值引领，强调与生活实际以及与其他课程的联系，加强道德、心理健康、法律及国情等内容的整合、精心设计和优化教学过程、引导学生自主学习、注重学生的情感体验和道德实践。"①我校道德与法治组本着德育为先、能力为主、全面发展的理念,以培育中学生道德品质和法治素养发展为根本目的,通过构建"美丽道法"、开设"美丽学科"、开启"美丽舞台"、创建"美丽社团"、规划"美丽人生"五方面推进课程实施,在实践中让学科核心素养落地生根,探索心灵美丽之路。

一、构建"美丽道法",落实学科基础课程

"美丽道法"承载着重要的育人功能,着眼于学生的健康成长和全面发展。是面向全体,求高效、智慧的课堂。因此我们道德与法治组积极开展道德与法治课程教学,实现教学目标,提高教学效果,使学生形成良好的道德品质和严谨的法治观念。

(一)"美丽道法"的实践操作

"美丽道法"的实践操作以落实立德树人、促进学生核心素养发展为目标,遵循教育教学规律,主要从以下几方面入手。

1. 教学目标明确。"美丽道法"设计课堂教学目标,包括知识与技能目标,过程、能力与方法目标,情感、态度与价值观目标。教学目标的表述应明确、具体、易于操作和测量,必须从学生的角度出发,避免"目标描述主体错位",使教学目标更贴近学生需求、教学要求与教学条件。

2. 教学态度认真。"美丽道法"倡导教师以育人为天职,保持精益求精的认真态度,认真备课,认真组织教学,认真辅导,认真批改作业,认真考核等。

3. 教材处理精当。"美丽道法"研究教材的整体格局,把握教学内容在单元和整个教材中的地位、任务,设定明确的教学目标,设计合理的教学结构,采用多种教学方法和手段,提高课堂教学水平。

4. 教学过程高效。"美丽道法"善于创设教学情境、运用教学手段,为学生提供参与实

---

① 中华人民共和国教育部. 义务教育思想品德课程标准(2011年版)[S]. 北京:北京师范大学出版社,2012: 2.

践的机会,引导和帮助学生通过亲身经历与感悟,在获得情感体验的同时,提高思想认识。

5. 教学能力饱满。"美丽道法"充分发挥教师的主导作用,积极引导学生自主学习、合作学习和探究学习,通过调查、参观、讨论、访谈、项目研究、情景分析等方式,主动探索社会现实与自我成长的问题,在合作和分享中扩展自己的经验,在自主探究和切身体验的过程中增强道德学习的能力。

6. 教学效果提升。"美丽道法"注重思想品德课的知识教学,注重丰富学生的道德体验,运用适当方式,引导学生进行道德实践,通过亲身体验与感悟,形成正确的道德观和良好的行为习惯,提升学生的道德践行能力。

(二)"美丽道法"的评价要求

基于"美丽道法"的构建要素,对于基础型课程的评价采用教师课堂教学评价和学生课堂学习评价相结合的形式(详见表6-3、表6-4)。

表6-3 "美丽道法"的教学评价要求表

学校		班级		教师	
课题名称					
项目及分值	评价指标			分值	得分
教学目标 (15分)	全面、具体、明确,结合课程标准和教材内容及单元目标			5	
	符合学生的年龄特点和认知规律,难易适度			5	
	层次明晰且具有可操作性			5	
教学态度 (15分)	教学认真负责,课前准备充分,精神面貌好			5	
	教学态度亲切、和蔼、自然、端庄			5	
	尊重、信任、爱护学生			5	
教材处理 (20分)	准确理解和掌握教材,把握知识点的内在联系			5	
	教材处理突出教学重点,突破教学难点			5	
	处理双基知识详略得当,抓住关键,以简驭繁,深度适中,程序合理			5	
	理论联系实际,切合实际进行思想教育			5	

续表

学校		班级		教师	
课题名称					
项目及分值	评价指标			分值	得分
教学过程 (20分)	以学生为主体,注重学法指导			5	
	教学过程面向全体,体现差异,因材施教			5	
	主导与主体协调,双边活动适当			5	
	从实际出发,熟悉运用现代化教学手段			5	
教学能力 (15分)	时间分配处理得当,应变调控能力强			5	
	语言规范、简洁、生动形象,板书工整美观、言简意赅,层次分明			5	
	教学活动具有独创性,富于新意,有自己的教学风格			5	
教学效果 (15分)	传授知识正确,教书育人			5	
	课堂气氛活跃,学生积极思考,大胆回答问题和大胆质疑			5	
	学生对双基能当堂掌握,智能得到发展,短时高效,体现素质教育的要求			5	
总分					

表6-4 "美丽道法"的学习评价要求表

(1)期末笔试 (50%)	(2)日常平时分(50%)			
	1. 日常作业 (25分)	2. 课堂表现 (25分)	3. 课堂笔记 (25分)	4. 同伴互助 (25分)
分值	小计:			
总分(两项平均分):				

构建"美丽道法"是我们教师在课堂教学中的最高要求。注重培养学生的核心素养,以德树人,引导学生从我做起,树立正确的三观。关注学生的情感体验,让学生在情感的渲染中有所触动,形成共鸣,引发思考。注重启发引导,倡导无痕德育,避免灌输说教,让学生在活动中抒发真情实感,提升思想认识。这个世界上最宝贵的两个词是"认真"和"执着",只要我们坚持,我们的课堂就越来越"美丽"。

二、开设"美丽学科",落实学科拓展课程

"美丽学科"就是以"道德与法治"学科为核心,以多元化的拓展型课程为羽翼,集道德、心理、法治、国情等内容于一体的立体化的道德与法治培育课程群,注重课堂学习与课后实践相结合、情感体验与道德实践相统一,旨在进一步培养学生课堂情感共鸣之外的道德与法治践行能力。

(一)"美丽学科"的实践操作

加强"美丽学科"课程建设,形成"1+X"学科课程群。"1"是指道德与法治学科基础课程,"X"是指学科延伸课程,也就是学科拓展课程。

学科拓展课程作为道法学科基础课程的重要补充,旨在将课堂效果延伸至学生生活,在理论认知的基础上进一步提供专项的、深入的实践平台。为此,我校开设"文明礼仪大课堂""情景剧——我的人生我做主"等拓展课程,从生活中的礼仪、生活中的情景等内容中提炼出学生感兴趣的话题,辅之以不同的活动形式,拓展学生视野,深化教学效果(详见表6-5)。

表6-5 "学科拓展"的活动表

学科拓展课程	活动目的	活动内容	具体要求
1. 文明礼仪大课堂	礼仪教育,表面是学礼,根本是学做人。开展未成年人文明礼仪养成教育,推进文明校园创建工作,是落实立德树人根本任务的重要举措。	设置课前三分钟文明礼仪、道德礼仪墙、感悟《弟子规》等8项内容,引导学生在轻松愉快的游戏中知礼、明礼、行礼,做到行走、餐饮、待人等皆有礼。	1. 组织形式:以学号为顺序,每班由2名同学在周末进行钉钉平台的礼仪主讲。 2. 直播内容:对文明礼仪教育进行材料加工后呈现。 3. 呈现方式:可以辅之以照片、PPT等形式丰富直播内容,可以连线个别同学进行互动,同时要求其他同学在互动面板即时对该热点进行互动留言。 4. 备注:过程中,老师在后台进行记录、评价与反馈。

续表

学科拓展课程	活动目的	活动内容	具体要求
2. 心理辅导：情景剧——我的人生我做主	以情景剧的形式培养学生积极的心理品质，帮助学生完善自我，促进学生心理的健康成长。	新生入学辅导、青春健康辅导、人际交往辅导、情绪管理辅导、生活适应辅导、疫情心理辅导等。	1. 组织形式：以小组为单位进行分工合作。 2. 操作内容：在对课前或者当堂老师给出的案例、话题、情境等材料进行小组加工处理的基础上，以情景剧的形式表现事态后续发展情况，呈现小组明确的价值观。 3. 呈现方式：以情景剧为载体，可加入旁白、板书、简易道具等辅助，增加情景剧的生动性。 4. 备注：过程中，老师在旁进行记录、评价与反馈。

（二）"美丽学科"的评价要求

为保证"美丽学科"的持续健康发展，道德与法治备课组制定了相应的评价要求，采用个性化的评价量表进行考核，评价方式多样化、具体化、综合化（详见下表6-6、6-7）。

表6-6　文明礼仪大课堂的评价要求表

评价项目	评价标准	分值	评价结果			
			自评	互评	师评	总评
1. 准备阶段	（1）"文明礼仪"内容经自己整理加工，形成文档	20				
	（2）有课件及其他辅助呈现形式	10				
2. 直播阶段	（1）语速平稳、字正腔圆	10				
	（2）素材呈现自然，不卡壳	20				
	（3）观点明确，价值导向积极	20				
	（4）有与同学的现场连线互动	10				
	（5）能迅速、正确应对突发情况	10				
3. 总分						

表 6-7　心理辅导：情景剧——我的人生我做主评价要求表

评价项目	评价标准	分值	评价结果			
			自评	互评	师评	总评
1. 团队合作	（1）分工明确，各司其职	10				
	（2）能处理好过程中的分歧、统一好小组的意见	10				
2. 作品呈现	（1）情景剧剧情完整、情节流畅	10				
	（2）表演自然、不做作	10				
	（3）主题鲜明、富有深度	10				
	（4）各成员参与度高	10				
3. 实践能力	（1）对所给材料的信息加工恰当、精准，提炼出的关键信息得当	10				
	（2）表达能力强	10				
4. 情感态度	（1）情境续写能体现健康、积极的心理状态	10				
	（2）能透过现象揭露本质，立意高远、向上向善	10				
5. 总分						

"美丽学科"开展"文明礼仪大课堂"，使学生从小系统地受到良好礼仪规范的熏陶教育，从而养成良好的个性品质，为其将来成为社会有用之才奠定良好的人生基础。心理辅导：情景剧——我的人生我做主，引入情景剧教学模式，激发学生的学习主动性、积极性，让学生重视心理健康教育，掌握心理健康教育的内容，并及时调整心态，培养良好的心理素质。

三、开启"美丽舞台"，落实活动体验课程

"美丽舞台"是指为学生搭建一个实现美丽生活的活动舞台，让他们在丰富多彩的体验活动中感知、思考、领悟体验活动中蕴含的道理和知识。"美丽舞台"注重与社会实践的联系，发挥学生的主观能动性，使学生在体验过程中积极动脑分析、探究、实践，在认识、体验与践行中促进正确思想观念和良好道德品质的形成和发展。

(一)"美丽舞台"的实践操作

1. 职业体验。组织学生到各社区企事业单位进行劳动技能锻炼,深入医院、政法、企业、环保等部门开展职业体验(详见表6-8)。

表6-8 "职业体验"的活动表

活动步骤	时间安排	活动内容	活动对象
准备阶段	5月初	1. 宣传活动方案及相关要求和具体安排 2. 组织学生参加职业生涯前期培训课程	全体师生
	5月中旬	3. 指导学生填写个人简历表和职业体验岗位意向表,组织学生参加模拟招聘会,确定职业体验岗位	
	5月下旬	4. 开展教师培训工作,与合作单位沟通相关准备事项	
开启体验之旅	6月24日—25日	1. 走出校园,来到社区各企事业单位,进行浸润式职业体验。需要完成"日志(每日一篇)"、总结、自我评价、导师评价等 2. 及时记录精彩瞬间,图文并茂	全体学生 相关带队老师
总结阶段	6月25日—7月30日	1. 每一体验小组完成美篇报告一份 2. 每一小组确定职业体验成果分享方案(形式、人员、节目脚本)	全体学生 带队老师
	新学期9月初	3. 参加职业体验成果分享会	

2. 中华文化。中华文化源远流长、博大精深,学生可从多个角度去了解中华文化,比如"建筑文化""饮食文化""节日文化""诗词文化"等,学生可围绕这些方面自主选题,自主开展研究性学习,培养实践能力(详见表6-9)。

表6-9 "中华文化"的活动表

活动安排	活动形式	活动内容和目的
传统节日知多少	1. 访谈	通过访谈:传统节日知多少,学生认识到传统节日是中华传统文化的重要组成部分。
	2. 查阅资料	学生查阅我国不同民族传统节日的由来,使学生认识到中华文化具有多元一体的特点。

续表

活动安排	活动形式	活动内容和目的
	3. 制作传统食物	跟家长学习传统食物制作,并与同学分享。
	4. 制作展板	学生分组,选择一个节日制作展板,让更多的同学了解中国的节日文化。
云游故宫	1. 查阅资料,了解历史 2. 部分学生介绍故宫旅游的所见所闻 3. 利用网络,"云游"故宫 4. 影视欣赏	学生通过查阅资料,了解故宫的历史和其中的文物,也有些学生曾游览过故宫,可通过他们介绍照片加深对故宫的了解。利用网络,还可组织学生"云游"故宫。通过观赏《上新了·故宫》了解平时不为人所知的故宫文物的故事。
社会实践	1. 资料介绍 2. 学生分组,制定游览路线 3. 参观上海博物馆 4. 交流分享	学校开展社会实践活动,组织学生参观上海博物馆,了解我国的悠久历史和重要文物,让学生实地了解中华古老文明的风采。活动后,可请学生就一件印象最深刻的展品进行说明。
达人秀	文艺演出	一些学生掌握了一定的传统文化技艺,比如民族乐器、书法、国画、武术等,学校举办"达人秀",为这些学生搭建一个展示的舞台,展现中华传统文化之美,也可邀请家长代表前来观摩。

(二)"美丽舞台"的评价要求

为了体现评价方式多样化,我们将指标体系、评定标准结合起来评价(详见表6-10)。

表6-10 "美丽舞台"的评价要求表

评价对象	指标体系	评定标准	评定结果
职业体验 中华传统文化	组织建设 (10分)	1. 活动方案详细 2. 有专业教师负责	
	活动目标和计划 (10分)	1. 活动目标明确具体 2. 有实现目标的行动计划 3. 计划科学、合理且可行	

续表

评价对象	指标体系	评定标准	评定结果
	学生活动表现 （20分）	1. 工作积极主动，无缺勤 2. 生生合作好，师生互动好 3. 学生有问题意识 4. 学生有较多的经验和感受	
	活动成效 （20分）	1. 活动正常开展，受到学生欢迎，得到家长和社会肯定 2. 学生活动自主性高，得到充分锻炼 3. 活动在校园网等平台有宣传报道或获得区级以上奖	
	环境建设 （10分）	1. 有丰富的活动场地可供选择 2. 活动场地布置适合学生开展体验活动，无潜在危险 3. 活动的同时，培养学生的安全意识	
	活动记录和资料保存 （10分）	1. 及时记录各类工作表格并每日撰写工作日志 2. 各种记录保存完好，资料类型多样	
	成果展示 （20分）	1. 内容健康，主题突出，图文并茂，设计新颖 2. 体现小组合作，有完整、清晰的成果呈现	

"美丽舞台"让道德法治教育渗透到丰富多彩的体验活动课程中，在生活中学习，在学习中更好地生活。在这个舞台上，教师只是一个服务者、领路人，真正的主角是学生，教师要充分挖掘本学科对学生进行道德和法治教育的可能性，让道德和法治教育变得生动起来、温暖起来，促使学生充分享受学习的乐趣，让我们的道德与法治课堂充满生机，为学生的终身学习奠定坚实基础。

四、创建"美丽社团"，落实兴趣爱好课程

（一）"美丽社团"的实践操作

根据道德与法治学科特点，理论联系实际，为拓宽教学内容，提高学生的道德素

养、法治观念、国际视野,促进学生全面发展,特开设志愿者服务社团。

志愿者服务社。志愿者服务是我校的特色和亮点之一,社团活动已有十八年历史。学生利用寒暑假、节假日、双休日走进社区、敬老院,帮困扶贫,奉献爱心,走向街道马路,参与交通协管,彰显志愿精神,践行社会主义核心价值观。通过志愿者服务社团,从理论到实践,让书中的道理在实践活动中得以升华,塑造美丽心灵,真正做到内化于心、外化于行(详见表6-11)。

表6-11 "美丽社团"的活动表

活动名称	活动目的	活动时间	活动内容与形式
牵手致立——爱心超市活动	培养爱心、感悟到助人的快乐	每年3至5月	三月开始启动,发倡议书全校学生捐物、整理、统计、打包。以超市开张的方式提供给致立学校的孩子们。
蓝天下至爱——慈善劝募活动	济困扶贫、关爱弱势,彰显慈善精神,感悟责任与担当	每年1月	结合全市的"蓝天下至爱"活动,组织学生走街串巷,向路人劝募,帮助特困家庭过好年。
敬老服务我先行	敬老爱老、学会感恩	每年重阳节	每年重阳节,学生志愿者在老师的组织下,带上慰问品、准备优秀的节目,走进惠南敬老院慰问老爷爷、老奶奶。与他们拉拉家常、讲讲故事。
我是小小交通协管员	熟悉交通法规、感悟生命	双休日、节假日	在学生认真熟悉交通法规的基础上,师生志愿者走上马路、到车站维持交通秩序。

(二)"美丽社团"的评价要求

为进一步规范"美丽社团"活动,加强对"美丽社团"的管理与指导,促进健康发展,结合综评,特制订相应的评价标准。美丽社团活动评价标准注重活动前的组织与筹划,活动时的过程和活动后的效果等方面(详见表6-12)。

表6-12 "美丽社团"的评价要求表

评价项目	评价标准	考核分值与课时	自评分	互评分
组织建设	注册志愿者拥有志愿精神,社团规章制度明确,有计划、有目标。	20		
活动情况	活动方案具体详细、认真,活动流程清晰明了,操作性强。	30 (4课时)		
教师指导	社团活动前教师对志愿者进行认真培训,明确要求,强化指导。	20		
活动成效	学生参与度高、满意度高,学生成就感强,活动在校园网上进行宣传,交流感悟文章,进一步弘扬志愿精神,让爱溢满校园。	30		

"美丽社团"的每一个善举都有温度,千万个善举的力量燃起温暖和爱心的火焰。社团活动让孩子们学会感恩,体会生命的意义和责任的担当。让所学知识在活动中得以升华,在"做中学、行中悟"。总之,我校的美丽社团,旨在培养学生的综合实践能力,提升学生的核心素养,符合以"宽"为旨的学科理念,让"宽"德育的精髓在社团活动中得以落实,让孩子们的生命更纯粹、更美好。

五、规划"美丽人生",落实爱国守法课程

"美丽人生"请"勿以恶小而为之,勿以善小而不为",请"家事、国事、天下事,事事关心"。勿以恶小而为之,一个小小的不文明,一个狭隘的非理性言行,都可能损害国家利益,甚至是违法犯罪的恶行。勿以善小而不为,国家和民族的发展离不开每个公民的付出和奉献,做好自己的本职工作,为国家的发展贡献一份力量。所以,今天我们爱国,请拿出每个人的实际行动,做一个爱国守法的好公民,成就美丽人生。

(一)"美丽人生"的实践操作

我校的"美丽人生"分为"关注时事"和"走进法治"两个部分。

1. 关注时事。时事即为当前国内外发生的引人注目、具有重大意义的新闻。中学生关注时事就是积极关注国内外大事,增强公民意识。为促进学生关注时事,提高明辨是非的能力,我校举办了"关注时事·立志报国"的时事活动,成立新闻小记者团、课前5分钟时事演讲、时事知识竞赛,学生们用自己精彩的表现,见证了祖国的发展富强,激发了师生的爱国情怀(详见表6-13)。

表6-13 "关注时事"的活动表

活动课题	关注时事,立志报国	
活动目标	为促进学生关注时事,激发爱国情怀,在愉快的学习环境中增长知识。	
活动步骤	活动内容	备注
一、成立新闻小记者团	1. 采访:组织小记者进行采访。对学校师生、社会名人、企事业活动现场进行采访。 2. 宣传:开展"时事新闻"进课堂。不定期编辑国际国内、本校新闻,利用校园广播、微视频等方式在校内进行时事新闻宣传。	
二、举行课前5分钟时事演讲	1. 时事播报:要求学生把时事新闻按时间顺序或性质分类归纳后进行播报。 2. 时事综述:要求学生在收集、整理时事新闻的基础上,精心挑选一二条时事,结合课本所学知识进行分析评述。	
三、举办时事知识竞赛	1. 收集并印发相关资料。 2. 准备时事知识竞赛题目。 3. 举行时事竞赛。 4. 进行评比并公布获奖名单,设立一等奖2名,二等奖4名,三等奖6名,鼓励奖若干名。	

2. 走进法治。"法"指"法律制度","治"指"治理",根据法律治理国家。为了让学生深刻理解法治对生活的意义和价值,并自觉学法守法护法,在法治社会中健康成长,我校充分利用每年的12月4日法制宣传日,制定《走进法治,护我成长》宣传活动,掀起全校学法高潮。请派出所警官作法制报告,为学生上一堂生动的法制教育课。积

极开展法治手抄报评选活动,利用节假日走进社区,向居民宣传法律知识。开设模拟法庭,传播法治理念,弘扬法理精神。组织学生参与"学法、守法、用法"演讲比赛,推动学校法制教育活动的开展。安排部分违纪学生分别走进公安局、人民法院、检察院、看守所,感受"执法必严""有法可依""有法必依""违法必究"的法治精神(详见表6-14)。

表6-14 "走进法治"的活动表

活动课题	《走进法治,护我成长》			
活动目标	为了让学生深刻理解法治对生活的意义和价值,并自觉学法守法护法,在法治社会中健康成长。			
阶段	活动	时间地点	内容及要求	活动对象
宣传发动	班会课广播宣讲	12月2日	宣传活动总体方案及相关要求和具体安排。	全体学生
活动开展	法制报告会	12月3日	请派出所警官做法制报告,各班级认真组织。	全体学生
	法治手抄报评选	12月13日——18日	利用节假日走进社区,向居民宣传法律知识。	得奖学生
	模拟法庭	12月20日——12月24日	传播法治观念,弘扬法理精神。	各班学生
	演讲比赛:"学法、守法、护法"	12月26日	各班级学生人人要参与,各班级内部选出5位学生参赛	各班5位学生
	走访司法机关	12月28日	让同学们认识和感受"执法必严""有法可依""有法必依""违法必究"的法治精神。	部分违纪学生
活动总结	班会课广播宣讲	12月30日	本次活动总结,表彰先进个人和班级。	全体学生

(二)"美丽人生"的评价要求

"美丽人生"的评价分为情感态度、合作交流、实践能力、成果展示四个部分。评价过程采用以形成性评价为主的评价,也适当采用终结性评价,使评价有机地渗透在日常教学活动中,对活动过程和结果进行及时有效的监控,充分考虑学生认知水平和心理特点,激发和保持了学生的学习兴趣和自信心,对教学起到积极的推动作用(详见表6-15)。

表6-15 "美丽人生"的评价要求表

评价项目	评价标准	分值	评价结果			
			个人评	同学评	教师评	总评
情感态度	1. 提出活动建议方案	10				
	2. 克服困难坚持不懈	10				
合作交流	1. 听取他人的意见	10				
	2. 为班级小组学习作出贡献	10				
实践能力	1. 会用不同的方法搜集、处理信息	10				
	2. 动脑、动口、动手参与	10				
	3. 多样化学习、研究方法	10				
成果展示	1. 记录活动过程	10				
	2. 制作演示汇报视频	10				
	3. 创意成果展示	10				
总分:						

在规划"美丽人生"落实爱国守法课程活动中,我们学校全体师生都能积极参与,认真准备材料,踊跃参与相关话题的讨论,学生通过聆听法治报告、小记者采访、时事演讲、知识竞赛等实践活动,拓宽视野、丰富知识、增长才干,从而引导学生主动关注时事,走进法治,成为爱国守法的实践者和宣传者。

总之,教育是一门学问,是需要教师去不断钻研的艺术。学生的道德法治水平、学习行为习惯的好坏很大一部分都依赖于学校教育的开展,我们会继续努力,让我们与学生共同进步,让教育的力量更强大,美丽课堂,让心灵美丽而高尚。

(撰稿者:汤水芹 李颖 张爱萍 潘燕丽)

第七章

明亮历史：历史具有照亮的性质

梁启超说："史者何？人类社会赓续活动之体相，校其总成绩，求得因果关系，以为现代一般人活动之鉴者也。"历史，让我们得以进入人类千万年生活的纵深，知道自己从哪儿来、往哪儿去。历史具有照亮的性质，"明亮"是历史学科的应然定位，它引领学生透过书本解读历史；透过遗迹触碰历史；透过鲜活的人和事与历史相互交融，与历史同感共情，让学习者深悟历史之中有大势，历史之中有大道，历史之中有智慧，历史之中有未来！

上海市南汇第二中学现有历史教师6人,其中特级教师1人,区级骨干教师2人,区学科中心组教师1人。作为区"优秀教研组",我们一直秉持着协作互进的团队精神,在历史教学领域中敢于创新、勇挑重担。依据《义务教育历史课程标准(2011年版)》,结合地域特点和学生特质,推进"明亮历史"的课程群建设,取得了明显成效。

第一节　透过历史了解真谛

一、学科性质

《义务教育历史课程标准(2011年版)》指出:"历史课程是人文社会科学中的一门基础课程,对学生的全面发展和终身发展有着重要的意义。"[①]初中历史学科具有思想性、基础性、人文性、综合性的特征。在思想性方面,用唯物史观阐释人类历史发展,使学生逐步树立正确的世界观、人生观。在基础性方面,在普及历史常识的同时,引导学生掌握学科技能,逐步形成正确的历史意识。在人文性方面,突出人类创造的优秀文明果实,使学生在历史文化中陶冶心灵,逐步形成正确的价值观。在综合性方面,注重辩证唯物思维,使学生逐步学会运用现有知识对历史和社会进行全面认识。要达到这些目标,仅依靠传统课堂教学时间、内容的安排,存在很大的困难。

2014年中华人民共和国教育部《教育部关于全面深化课程改革落实立德树人根本任务的意见》中指出:"依据学生发展核心素养体系,进一步明确各学段、各学科具体的育人目标和任务,完善高校和中小学课程教学有关标准。"[②]学科核心素养的提出,可以说是对《义务教育历史课程标准(2011年版)》的进一步说明。

因此,我们要开发的课程是以初中历史学科的思想性、基础性、人文性和综合性为

[①] 中华人民共和国教育部.义务教育历史课程标准(2011年版)[S].北京:北京师范大学出版社,2011:1.
[②] 中华人民共和国教育部.关于全面深化课程改革落实立德树人根本任务的意见教基二[2014]4号.

依据,提高学生的历史学科核心素养的课程,适用于义务教育阶段7—8年级。

二、学科课程理念

依据《义务教育历史课程标准(2011年版)》的课程精神,结合我校历史学科的实际情况,提出"明亮历史"的课程概念。"明",明鉴明察之意,"亮",透亮透彻之意。学习历史,可以让我们明白事理,借古鉴今,透彻历史发展规律。"明亮历史"的课程理念具体内涵如下:

"明亮历史"是启迪心智的课程。《义务教育历史课程标准(2011年版)》指出:"充分体现育人为本的教育理念,发挥历史学科的教育功能,以培养和提高学生的历史素养为宗旨,引导学生正确地考察人类历史的发展进程,逐步学会全面、客观地认识历史问题。"[1]看过去、看现在、看未来,明鉴历史需要正确的途径。"明亮历史"坚持唯物史观阐述历史的发展变化,也是历史学科育人最具有成就的基本原则。历史发展有其内在的规律,历史认识也必须遵循其内在逻辑,如何使历史与逻辑达成一致,是学生逐步树立正确的世界观和人生观的途径。"明亮历史"是探索人类历史的一把钥匙,是开启心智的一把钥匙。

"明亮历史"是秉实求真的课程。《义务教育历史课程标准(2011年版)》指出:"以普及历史常识为基础,使学生掌握中外历史的基本知识,初步具备学习历史的基本方法和基本技能,促进学生的全面发展。"[2]看似纷繁复杂的人类历史,"明亮历史"是以无证不信、孤证不立、因时因地、明辨事理的史学思想方法,在追求史由证来、证史一致、史论结合、论从史出的过程中,逐步塑造秉实求真、谨言慎行等价值品质,形成正确的历史意识。

"明亮历史"是鉴往知来的课程。《义务教育历史课程标准(2011年版)》指出:"以人类优秀的历史文化陶冶学生的心灵,帮助学生客观地认识历史,正确理解人与社会、人与自然的关系,提高人文素养,逐步形成正确的价值取向和积极向上的人生态度,适

---

[1][2] 中华人民共和国教育部.义务教育历史课程标准(2011年版)[S].北京:北京师范大学出版社,2011:2.

应社会发展的需要。"①"明亮历史"是以人类文明发展的成果,在时空观念下解释人生活的世界,逐步形成正确的价值取向和积极向上的人生态度。如在对已知客观历史的认识基础上,随着新的发现和探究会逐渐接近客观历史,应当尊重和理解不同的探索与思考的兼容意识;人类文明的传承和创新是每个公民的权利和义务的责任意识;历史中蕴含着人类过去的智慧和经验,学习历史是人生存和发展的源点与超越的人格意识。

"明亮历史"是家国情怀的课程。《义务教育历史课程标准(2011年版)》指出:"将正确的价值判断融入对历史的叙述和评判中,使学生通过历史学习,增强对祖国和人类的责任感,逐步确立为中国特色社会主义事业、人类的和平与发展作贡献的人生理想。"②"义务教育阶段的历史课程,是在唯物史观的指导下,弘扬以爱国主义为核心的民族精神和以改革创新为核心的时代精神。"③"鼓励自主、合作、探究式学习,倡导教师教学方式和教学评价方式的创新,使全体学生都得到发展。"④"明亮历史"是以乡土考察的实践活动的方式,关注人们在不同领域发展的关联性,联系历史与现实,使学生逐步学会综合运用所学知识和方法对历史和社会进行全面的认识。

总之,"明亮历史"课程是用历史唯物史观来阐述人类发展的历程为学习内容,"明亮历史"以收集并解读典型史料,发现和探索历史问题为学习方式,帮助和促进学生感知历史发展中的得失,习得了解、解释与评价历史的基本方法,汲取历史经验,增强民族意识、全球意识、公民意识。

第二节　明鉴是历史学习的旨趣

《义务教育历史课程标准(2011年版)》指出:义务教育阶段历史课程目标分为总

---

①② 中华人民共和国教育部.义务教育历史课程标准(2011年版)[S].北京:北京师范大学出版社,2011:2.
③ 中华人民共和国教育部.义务教育历史课程标准(2011年版)[S].北京:北京师范大学出版社,2011:1.
④ 中华人民共和国教育部.义务教育历史课程标准(2011年版)[S].北京:北京师范大学出版社,2011:2.

体目标和学段目标,从知识与能力、过程与方法、情感态度价值观等三个方面加以阐述。如何在教学过程中让学生对历史能明察明鉴,我校历史课程制定了以下目标。

一、学科课程总体目标

《义务教育历史课程标准(2011年版)》指出:"通过义务教育阶段历史课程的教学,学生能够掌握中外历史的基本知识,初步掌握学习历史的基本方法和基本技能;对人类历史的延续与发展产生兴趣,感悟中华文明的历史价值和现实意义,养成爱国主义情感,开拓观察世界的视野,认识世界历史发展的总体趋势;初步形成正确的世界观、人生观和价值观,为成为拥有良好综合素质的合格公民奠定基础。"[1]总体目标从以下三个方面具体阐述:

1. 知识与能力:知道重要的历史事件、历史人物及历史现象,知道人类文明的主要成果,初步掌握历史发展的基本线索;了解历史的时序,初步学会在具体的时空条件下对历史事物进行考察,从历史发展的进程中认识历史人物、历史事件的地位和作用;理解多种历史呈现方式,包括文献资料、图片、图表、实物、遗址、遗迹、影像、口述以及历史文学作品等,提高历史的阅读能力和观察能力,形成符合当时历史条件的一定的历史情境想象;初步学会从多种渠道获取历史信息,了解以历史材料为依据来解释历史的重要性;初步形成重证据的历史意识和处理历史信息的能力,逐步提高对历史的理解能力,初步学会分析和解决历史问题;学会用口头、书面等方式陈述历史,提高表达与交流的能力。

2. 过程与方法:通过多种途径感知历史,学会从当时的历史条件理解历史上的人和事,并经过分析、综合、概括、比较等思维过程,形成历史概念,进而认识历史发展的时代特征和历史发展的基本趋势;在学习历史的过程中,逐步学会运用时间与空间、原因与结果、动机与后果、延续与变迁、联系与综合等概念,对历史事实进行理解和判断;在了解历史事实的基础上,逐步学会发现问题、提出问题,初步理解历史问题的价值和

---

[1] 中华人民共和国教育部.义务教育历史课程标准(2011年版)[S].北京:北京师范大学出版社,2011:5.

意义,并尝试体验探究历史问题的过程,通过搜集资料、掌握证据和独立思考,初步学会对历史事物进行分析和评价,并在探究历史的过程中尝试反思历史,汲取历史的经验教训;逐步掌握学习历史的一些基本方法,包括计算历史年代的方法、阅读教科书及有关历史读物的方法、识别和运用历史地图和图表的方法、查找和收集历史信息的途径和方法、运用材料具体分析历史问题的方法等;初步掌握解释历史问题的能力,力求在表达自己的见解时能够言而有据,推论得当;学会与教师、同学共同对历史问题进行探究与讨论,能够积极汲取他人的正确见解,善于与他人合作,交流学习心得和经验。

3. 情感、态度、价值观:从历史的角度认识中国的具体国情,认同中华民族的优秀文化传统,尊重和热爱祖国的历史和文化;认识在漫长的历史进程中,我国各族人民密切交往、相互依存、休戚与共,形成了中华民族多元一体的格局,共同推动了国家发展和社会进步,增强民族自信心和自豪感。感悟近现代中国人民为救亡图存和实现中华民族伟大复兴而进行的英勇奋斗和艰苦探索,认识中国共产党在中国革命、建设和改革事业中的决定作用,树立中国特色社会主义理想信念;继承和弘扬以爱国主义为核心的民族精神,认识到国家统一、民族团结和社会稳定是中国强盛的重要保证,初步形成对国家、民族的认同感,增强历史责任感。了解人类社会历史发展的基本趋势及人类文化的多样性,理解和尊重世界各国、各民族的文化传统,学习汲取人类创造的优秀文明成果;认识和平与发展是当今时代的主题,逐步形成面向世界的视野和意识。认识人类历史上物质文明、精神文明发展的重要性,理解历史上的革命与改革在不同程度上促进了社会的进步,认识从专制到民主、由人治到法治是历史发展的必然趋势,不断发展社会主义民主与加强社会主义法制意识。认识科学技术的发展对人类历史进步的推动作用,逐步形成尊重科学、崇尚科学的意识,树立求真、求实和创新的科学态度;从历史的演变中认识合理开发和利用资源、生态环境保护的重要性,初步形成可持续发展的观念。认识人民群众创造历史的作用以及杰出人物在历史上的重要贡献,吸取前人的经验和智慧,初步理解个人与群体、个人与社会的关系,提高对是与非、善与恶、美与丑的识别判断力,逐步确立积极进取的人生态度,形成健全的人格和健康的个性品质。

总体目标的这三个方面,不是相互独立的,而是一个密切联系、互相影响的有机整体。在课程设计和教学活动组织中,应同时兼顾这三个方面的目标。

二、学科课程年段目标

"明亮历史"课程的建议,是以现有教学的七、八年级的教科书为蓝本,结合相关的史实和学生的兴趣特点,拓展与丰富出来的课程,也是让学生学会如何"明鉴"的课程。这里,我们以中国历史第一、二册为例说明(详见表 7-1)。

表 7-1　历史学科年段目标分析表

单元	目　标
第一册第一单元: 史前时期:中国境内早期人类与文明的起源	1. 知道元谋人是我国境内目前已确认的最早的古人类;了解北京人的发现过程,识记北京人的体貌特征和生产生活状况;认识山顶洞人的进步;理解化石是研究远古人类历史的重要证据;了解北京人遗址发现的意义,认识中国是人类的起源地之一,周口店北京人遗址是珍贵的文化遗产。 2. 掌握我国原始农业兴起和发展的表现、标志,理解其意义;知道河姆渡人和半坡居民的发现地点、距今时间及生产生活状况等基本史实;理解自然环境对河姆渡人和半坡居民生产生活状况的影响;认识考古发现是了解史前社会历史的重要依据。 3. 掌握华夏族的形成,知道炎帝、黄帝被尊崇为中华民族始祖的原因;知道其贡献,了解尧舜禹的传说和禅让制;结合考古发现,了解传说与神话故事中的历史信息。
第一册第二单元: 夏商周时期:早期国家与社会变革	1. 掌握夏、商、西周三代更替的相关史事;知道夏朝的建立标志着中国王朝的产生,了解商朝盘庚迁殷、西周国人暴动等史事;掌握西周分封制的目的、内容及作用;认识"得道多助,失道寡助"、"得民心者得天下,失民心者失天下"的道理。 2. 了解我国青铜器的发展历程,知道商周时期青铜器高超的制作工艺;知道甲骨文的含义、造字方法、特点、地位及影响;认识我国以青铜文明为代表的灿烂的奴隶制文明,感受古代劳动人民的创造智慧。 3. 了解春秋时期农业、手工业、商业的发展概况,理解社会发展和政治变革的关系;掌握周王室衰微和诸侯崛起的史事,知道春秋时期社会动荡的特征;识记春秋时期先后称霸的诸侯霸主,探究诸侯争霸的影响。 4. 知道战国七雄的形成过程、著名的兼并战争及结果;掌握商鞅变法的主要内容及意义,认识改革是社会发展、国家强大的需要;知道都江堰的修建概况、构成系统、功能和意义,感受我国古代劳动人民的智慧。 5. 了解老子及其思想主张,掌握孔子及其政治思想和教育成就;了解百家争鸣的背景和表现,理解百家争鸣中各家的代表人物及其主要思想主张;掌握百家争鸣的影响,认识百家争鸣与社会大变革的关系。

续表

单元	目　　标
第一册第三单元：秦汉时期：统一多民族国家的建立与巩固	1. 了解秦灭六国的背景、经过、结果及意义，分析秦能完成统一的原因；掌握秦朝确立中央集权制度的措施和影响，理解中央集权制度这一概念；知道秦朝巩固统一的措施及其作用，掌握秦朝的疆域四至范围；认识统一是历史发展的必然趋势。 2. 知道秦朝暴政的主要表现，识记陈胜、吴广起义，秦朝灭亡及楚汉之争的相关史实；理解"得民心者得天下"的道理及项羽、刘邦所领导的战争的性质变化；认识秦的暴政是激起农民起义的根本原因。 3. 知道西汉的建立、汉初的社会状况及统治者面临的首要问题；了解汉初实行休养生息政策的原因、措施及作用；掌握推动"文景之治"出现的措施，了解其表现。 4. 掌握汉武帝为巩固大一统局面，采取的政治、思想、经济、军事等方面的措施；分析汉武帝从政治、思想、经济、军事等方面巩固大一统局面的影响；认识汉武帝时期的大一统局面不仅是西汉强盛的顶点，也是中国封建时代的第一个鼎盛局面。 5. 了解东汉建立的相关史事，知道光武中兴出现的原因及表现；了解外戚与宦官交替专权的形成过程，知道它所带来的严重危害；知道黄巾起义的背景、组织、经过、特点和影响；认识外戚与宦官交替专权是东汉中后期政治黑暗的突出表现。 6. 知道张骞两次出使西域的目的、时间、结果及历史意义；识记海、陆丝绸之路的开通时间、路线及其在中外交往中的作用；掌握中央政府开始对西域实行管辖的时间、机构及意义；认识张骞、班超等为报效祖国不屈不挠、勇于冒险和开拓的精神。
第一册第四单元：三国两晋南北朝时期：政权分立与民族融合	1. 知道官渡之战的背景、概况及作用；了解赤壁之战的背景，识记其概况、影响；掌握魏、蜀、吴三国建立的基本史事，理解三国鼎立局面形成的原因及影响；认识国家的统一是中国历史发展的必然趋势。 2. 知道西晋建立与统一的基本史事，了解西晋的腐朽统治与灭亡；了解"八王之乱"的背景、概况及影响；掌握北方游牧民族内迁的时间、民族代表及分布，了解十六国出现及前秦改革的相关史事；认识北方少数民族的内迁过程就是民族交融的过程。 3. 了解东晋兴亡的基本史事；知道南朝政权更替及南朝政治的特点；掌握东晋南朝时期我国江南地区得到开发的原因、表现；理解不同地区间的交流对经济发展的重要作用；认识劳动人民对社会物质文明发展的重大贡献。 4. 知道淝水之战的背景、时间、经过和影响；了解北魏的建立、统一北方及北魏时期黄河流域民族交融的基本史事；掌握北魏孝文帝改革的历史背景、主要内容及其作用；理解民族交往、交流与交融对中华民族发展的意义。 5. 掌握贾思勰、祖冲之、王羲之、顾恺之的主要成就；了解书法艺术的发展及南北朝时期的石窟艺术；理解魏晋南北朝时期的时代特征与科技文化的关系，认识社会文化是当时政治、经济的反映。

续表

单元	目　　标
第二册第一单元：隋唐时期：繁荣与开放的时代	1. 知道隋朝的建立及统一概况、隋初经济繁荣的表现；了解大运河的开通和科举制的创建；知道隋朝灭亡的原因；理解隋朝实现统一、开通大运河的条件以及科举制的历史影响；正确评价大运河的开通，认识科举制的出现是古代选官制度的一大进步。 2. 了解唐太宗、武则天和唐玄宗登基称帝的史事；识记"贞观之治"与"开元盛世"出现的原因和表现；理解武则天的统治对"开元盛世"的奠基作用。 3. 从农业、手工业、商业三个方面归纳唐朝前期经济繁荣的表现；知道唐朝对边疆的管辖措施。以文成公主入藏等史实为例，理解唐代和睦的民族关系。从积极开放和兼容并包两个角度了解唐朝开放的社会风气；知道唐代诗歌和书画的代表人物，理解其艺术特点。 4. 了解唐朝时期中外文化交流的概况；识记遣唐使、鉴真东渡和玄奘西行的史事及贡献。掌握唐与新罗友好往来的表现；理解唐朝时期中外文化交流频繁的原因、影响，认识唐朝开放的对外政策的影响及启示。 5. 了解安史之乱的过程，掌握其背景、时间和影响；了解黄巢起义的相关史事，掌握唐朝衰亡的原因、灭亡时间和标志；知道五代十国更迭与分立的局面，辩证分析其影响。
第二册第二单元：辽宋夏金元时期：民族关系发展和社会变化	1. 知道北宋的建立，掌握其建立者、建立时间和都城；识记宋太祖强化中央集权的措施；了解宋朝重文轻武的特点，理解宋初统治者采取重文轻武政策的原因。 2. 了解契丹兴起和西夏建立的基本史事；知道辽与北宋之间的战与和，掌握澶渊之盟的背景、内容和影响；正确认识北宋与辽、西夏的关系。 3. 知道金的建立、金灭辽与北宋以及南宋建立的基本史事；了解岳飞抗金的英雄事迹，知道宋金议和的内容和影响；认识岳飞抗金的正义性，正确看待我国历史上的民族关系。 4. 了解宋代农业、手工业、商业贸易发展的具体表现；知道我国古代经济重心南移的概况，理解我国古代南方经济发展的原因；认识宋代的生产发展和商业繁荣达到了空前的水平，居当时世界领先地位。 5. 了解铁木真统一蒙古的基本史实及建立蒙古政权的时间，知道蒙古灭西夏与金的史事；识记元朝的建立与统一的相关史事；理解忽必烈推行汉制的原因及影响。 6. 了解元朝的疆域，认识民族融合的表现及意义；识记元朝的中央政府机构，掌握行省制度及元朝对边疆地区的管辖；认识元朝在我国历史发展中的贡献。 7. 归纳宋元时期都市生活繁华的表现，识记瓦子、勾栏和杂剧的特点；知道苏轼、李清照、辛弃疾，了解其词风的特点；了解元曲的发展，知道元曲的特点、代表人物与作品。探究宋词、元曲的异同；知道《资治通鉴》的编写者、体例、内容、编写目的和地位。 8. 知道活字印刷术、指南针、火药的发明、应用和外传；了解宋元时期我国陆路和海路发达的概况；理解宋元时期我国出现重大科技成就的原因，分析宋元时期交通发达的原因及影响。

续表

单元	目　　标
第二册第三单元：明清时期：统一多民族国家的巩固与发展	1. 了解明朝建立的相关史事，识记朱元璋强化皇权的措施。知道明朝经济的发展；掌握明朝的八股取士，理解其影响；理解朱元璋强化皇权的原因和影响，认识这是中国封建社会逐步走向衰落在政治上的表现。 2. 掌握郑和下西洋的目的、时间、到达地区及意义等相关史事；知道戚继光抗倭的基本史事，正确评价戚继光；认识郑和远航是世界航海史上的壮举，学习戚继光的爱国主义精神。 3. 识记《本草纲目》《天工开物》《农政全书》三部科技巨著的作者、主要特点及其地位；知道明长城的东西起止点和北京城的布局特点，体会中国古代人民的智慧和创造力；归纳明代文学领域的主要成就，知道《三国演义》《水浒传》《红楼梦》《西游记》《牡丹亭》的作者、主要内容和艺术特点。 4. 了解明朝中后期政治腐败的情况，深刻理解李自成农民起义以及明朝灭亡的必然性；正确认识"均田免赋"的口号，识记明朝灭亡的时间和原因；知道清朝的建立者和建立时间。 5. 了解清朝统一多民族国家的巩固和发展、郑成功收复台湾和清朝在台湾的建制；掌握清政府对西藏的管辖措施及其意义；识记清朝巩固西北边疆和维护祖国统一的措施；知道清朝前期疆域的特点，认识台湾、西藏、新疆是中国不可分割的一部分。 6. 掌握清朝前期统治者为恢复和发展农业生产采取的措施，理解其重视农业生产的原因；了解清朝前期手工业和商业的发展特点；认识清朝前期人口增长迅速的原因及带来的消极影响。 7. 掌握军机处设立的目的与职责，理解其设立的影响；知道康熙、雍正和乾隆三朝大兴文字狱的史事，掌握清朝实行文化专制的目的、表现和危害；了解清朝君主专制统治下不断加剧的社会矛盾；掌握闭关锁国政策的含义及清朝实行该政策的原因、表现，理解其深远影响。 8. 知道曹雪芹和《红楼梦》，了解清代的文学成就与特色；知道昆曲与京剧的相关史事，了解清代戏曲艺术的成就和特色；以《红楼梦》的社会历史意义、昆曲的兴衰和京剧的兴起为例，探究清代文学艺术繁荣的原因。

第三节　品味历史的丰富内涵

人类历史时间久远、内容丰富，如何掀开历史的面纱，细细品味历史的内涵？为了实现上述课程目标，根据初中历史学科课程标准、初中历史学科核心素养、初中学生身心发展特点以及本校学生特质,我们将"明亮历史"学科课程结构设置如下。

一、学科课程结构

依据《义务教育历史课程标准(2011年版)》,初中历史学科内容分为"中国古代史""中国近代史""中国现代史""世界古代史""世界近代史""世界现代史"六个板块,根据学科课程性质要求具备的基础性、人文性、思想性和综合性,对学生能力从史实的认知到思维的训练,再到一定实践能力的螺旋上升式培养,最终将"明亮历史"课程分为"明亮史事""明亮人物""明亮时空""明亮乡土"四个板块(见图7-1)。

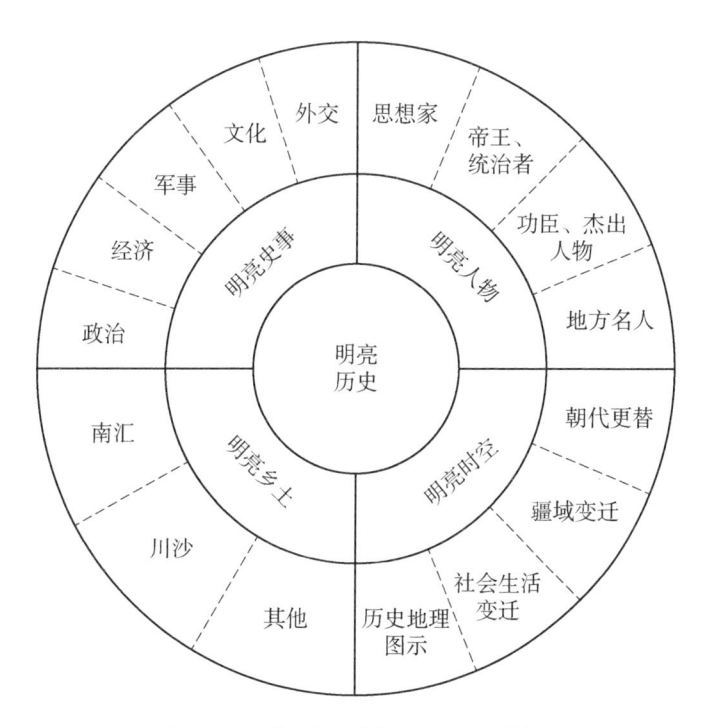

图 7-1 "明亮历史"学科课程结构图

1. 明亮史事。内容以古今中外的政治、经济、军事、文化、外交等大事为主,采用"点一线"方式呈现,"点"即为具体、生动的史事,"线"即为史事发展的基本线索,包括这几块内容之间的横向联系。故"明亮史事"旨在让学生在掌握重大史事的基础上理解历史发展的过程,初步学会学习历史的方法,逐步形成对历史的正确认识。

2. 明亮人物。内容为中外历史上富有独特思想和智慧的"思想家";或开启一个新时代,或迎来历史的转折,或采取开创性制度的"帝王、统治者";在各个时期流芳百世的"功臣大将",在科学、文化、改革等中的主导性人物以及身边的地方名人等。通过对智慧人物的了解明鉴,认识人民群众创造历史以及杰出人物的智慧对历史发展有一定的引领作用,吸取前人的经验和智慧,初步理解个人与群体、个人与社会的关系,逐步确立起积极进取的人生态度,形成健全的人格和健康的个性品质。

3. 明亮时空。"明亮时空"是根据历史学科核心素养之一的"时空观念",对事物与特定时间及空间的联系进行观察、分析的观念。在内容上分设了"朝代更替",通过让学生动手编制年代尺、示意图等,形成历史整体观念;"疆域变迁"旨在让学生有历史空间概念,通过对中国各朝各代疆域变迁的了解,进一步探究产生变迁的原因、对边疆的管理、与少数民族或外国的交往等一系列历史信息;"社会生活变迁"是让学生根据时序性,以编制知识结构树的形式进行学习,帮助学生更清晰地看到人类社会生活的进步;"历史地理图示"可以是作战路线图、商贸往来线路图、远洋航行路线图、重要文明示意图、历史事件示意图等,通过对地理图示的观察、制作,让历史更具立体感、直观感。

4. 明亮乡土。本课程内容以地域为线,学生可以探寻南汇、川沙、高桥乃至整个上海的遗迹遗址。遗迹遗址是最具价值的"原始史料""一手史料",特别是身边的遗迹遗址,更能让学生"眼见为实"。对于历史遗迹遗址的亲身探寻、调查研究,不仅可以加深学生对历史事件的认识,还能提升学生搜集资料、掌握证据、在探究历史过程中尝试反思历史的能力,更能激发学生的家国情怀。

二、学科课程设置

"明亮历史"通过对课堂的合理驾驭和分配,将启发学生的智慧作为教学目标,教智慧、用智慧,让学生对历史从感知认识到评价分析,再到调研反思,充分汲取历史的明智,透彻历史,鉴往知来。真正的智慧课堂,单独听一节课,也许很普通,但一学期下来,学生应该体会到学有所获;真正的智慧教学,每一节课只是一个音节片段,最后组合成一首完整的歌曲,才是奥妙无穷的。鉴于此,我校"明亮历史"课程具体设置如下表。(见表7-2)

表7-2 南汇二中"明亮历史"课程设置表

类别		明亮史事	明亮人物	明亮时空	明亮乡土
七年级	第一学期	人教部编版中国历史第一册、中国历史第二册第一、二单元中的政治、经济、军事、文化、外交大事	探索影响世界的中国历史人物:孔子、老子、秦始皇、隋文帝、祖冲之、蔡伦;探寻地方名人:娄坚(高桥)、鞠士林(南汇)、陆绍云(川沙)、瞿霆发(下沙)	编制原始社会、秦汉、魏晋南北朝、隋唐、辽宋夏金元社会生活变迁结构树;朝代疆域变迁图	探寻乡土历史遗迹遗址:孔庙大成殿(南汇)川沙古城墙(川沙)
七年级	第二学期	人教部编版中国历史第二册第三单元、中国历史第三册的政治、经济、军事、文化、外交大事	探索影响世界的中国历史人物:郑和、康熙、孙中山、毛泽东、陈独秀;探寻地方名人:杜月笙(川沙)、张闻天(南汇)、傅雷(下沙)、黄炎培(川沙)	绘制夏至清朝朝代更替表,编制元明清、旧民主主义革命、新民主主义革命、近代社会生活变迁知识结构树	探寻乡土历史遗迹遗址:钦赐仰殿(源深)太平天国烈士墓(高桥)
八年级	第一学期	人教部编版中国历史第四册、世界历史第一册第一~四单元的政治、经济、军事、文化、外交大事	探索影响世界的国外历史人物:亚历山大大帝、凯撒、奥古斯都、君士但丁大帝、汉尼拔、苏格拉底	绘制中国近代史主要大事时间尺;编制新中国的诞生、新中国的建设、中国现代科教文知识结构树	探寻乡土历史遗迹遗址:福泉寺(南汇)黄炎培故居(川沙)
八年级	第二学期	人教部编版世界历史第一册第五~七单元、世界历史第二册的政治、经济、军事、文化、外交大事	探索影响世界的国外历史人物:哥伦布、伊丽莎白一世、彼得大帝、拿破仑、华盛顿、罗斯福、伏尔泰、马克思、牛顿	绘制世界近代史战争时间尺;编制世界近代史社会生活变迁知识结构树	探寻乡土历史遗迹遗址:张闻天故居(川沙)老宝山城(高桥)

第四节　多维度感受历史的魅力

对历史的明鉴更大的作用在于发现客观规律、总结历史经验教训,以此对未来有更全面的辨析、更正确的把握。《义务教育历史课程标准(2011年版)》关于课程实施中提到,历史教学要"充分激发学生的历史学习兴趣","注重对基本史实进行必要的讲述","引导学生学会学习、学会思考","注重培养学生的创新意识和实践能力"。鉴于此,"明亮历史"课程结合本校学生特质,从激发兴趣和培养能力出发,通过构建"明亮课堂"、建设"明亮课程"、创建"明亮社团"、创设"明亮历史文化节"、组建"明亮驴友队"等多种方式推进课程的实施,以提高学生的人文素养,构建学生弘扬爱国主义的情操,传承人类文明的优秀传统。

一、构建"明亮课堂",提升学科课程实施品质

"明亮课堂"是学生获取历史知识,以史鉴今的基本途径。课堂教学时教师采用灵活多样的教学方式,充分利用多种历史信息资源,突出"明亮历史"的教学特点。在坚持正确思想导向、价值观判断的同时,要充分激发学生学习兴趣,并且注意培养学生的历史分析能力、创新意识和实践能力。构建"明亮课堂"主要包括实践操作和评价要求。

(一)"明亮课堂"的实践操作

在"明亮课堂"教学中,教师必须在遵循历史学科性质和特点的基础上,以学生历史学科核心素养培养和提升为目标,开发课程资源、设计教学问题、组织教学活动、反馈教学成果。

1. 基于问题启示的"明亮课堂"。提出问题是教学课堂中引导学生的一条主线。

每一课或是每一单元的教学应当被"问题"驱动着,而不是完全按照课本的编排覆盖某个知识体系;每一节课或是每一单元都以问题开始,以问题渐进,这样可以让学生知道历史是在不断解决问题的过程中得以体现的,这些问题也可以为课堂活动指引方向或是设定目标。

2. 基于史料论证的"明亮课堂"。"知识的开端永远必须来自感官"[①],所以,智慧的开端当然不仅在于所学习事物的名目,而在于真正知觉事物的本身。历史既意味着既往的事实本身,又包括人们对事实有意识、有选择地记录、研究。所以适时适度地将丰富生动的史料运用于课堂教学,能最大限度地展现历史原貌,使历史事件与历史人物"平易近人"跃然纸上,同时能充分培养学生阅读史料、分析史料的能力,在探索中还原历史真实,感受学习过程的乐趣。有学者曾说:"把史料放进课本之中的本身并非重点,重点在于这些史料必须被学生用某种纯粹历史的方式而运用。"所谓"纯粹的历史方式",简言之,就是让学生利用史料来尝试鉴别和阐释。

3. 基于动手归纳的"明亮课堂"。历史"明亮课堂"不但要在思考、思辨中领悟鉴往知来的历史,更要通过对知识的习得学会动手做好归纳及整理性的记录。鉴于历史学科核心素养对时间和空间的认知要求,编制年代尺是课堂中必不可少的归纳实践。年代尺的编制从一课到一单元,甚至某个历史阶段,循序渐进,逐步提高。知识结构树是对历史知识作出结构性的归纳,也是锻炼学生提炼课堂内容的较高实践能力要求。历史示意图是对历史事件的图示归纳,能将繁复的文字以通俗易懂的示意图呈现,高度考验学生的能力。通过这样的动手实践,利于帮助学生理清历史知识的脉络,有效掌握历史的精髓。

4. 基于作业练习的"明亮课堂"。作业练习是对知识习得情况的一种反馈。在"明亮课堂"中,将练习分为课前"导学"和课后"巩固"。"导学"是通过学生自主学习,对基本知识点有个大概的初步学,"巩固"是经过课堂深层次学习后对一定的问题有进一步了解的深入学。在作业练习的设计上注意趣味性、分层性、探究性、启发性,关注不同层次的学生,关注学生的全面发展。通过作业练习的反馈,及时了解学生的掌握

---

① [捷]夸美纽斯.大教学论[M].傅任敢,译.北京:人民教育出版社.1985:156.

情况,查缺补漏。

(二)"明亮课堂"的评价要求

1. 教学设计。教师在设计教学时要符合课程标准与教材要求,突出重难点,对于难点的解决要有恰当的方案。特别要注重过程与方法的培养,关注学生学习历史的能力,关注学生积极良好的情感体验。

设计教学内容时要注意教学量、度安排是否科学、有序,是否注意整体把握,是否整合教材,问题设计是否有思维含量,是否具有启发性。同时也要分析学生,设计相关教学内容时要符合学生实际,符合学生年龄心理特征,符合学生已有知识水平,尽可能做到"因材施教",使教学目标有效达成。

2. 教学过程。"明亮课堂"要有氛围激励策略,营造有利的学习氛围。历史课堂不应是单纯的讲授,教师要为学生营造民主、平等、和谐、积极向上的学习氛围,在浓厚的氛围中体现历史的智慧。

"明亮课堂"要有兴趣激励策略,比如导入方式要新颖,要激趣,引发和保持学生进一步学习的愿望。再如教学手段要丰富,用不同的教学手段引发学生想学的欲望。

"明亮课堂"要有自主性教学策略,以学生为主,为学生提供有效的学习指导。教师能以平等的参与者身份,给学生以心理上的安全感和精神上的鼓舞,为大多数学生提供平等参与的机会;对学生的学习活动进行有针对性的指导;根据学习方式,创设恰当的问题情境,教师的指导语言富有启发性,及时采用积极、多样的评价方式。

"明亮课堂"要有探究性教学策略,体现知识的形成、构建过程。教师能够引导学生形成良好的学习习惯,掌握科学的学习策略;引导学生通过自己动脑、动手去亲身经历获取知识的过程。

"明亮课堂"要有反馈性策略,信息反馈及时,有效地调整教学。这种反馈能够帮助学生对学习过程和结果进行反思,学会对自己的学习进行评价和总结,把学生的学习困难、问题和经验作为生成性教学的起点。

3. 学习效果。学生的学习效果是教学效果的具体体现,包括以下三个方面。

一是教学目标是否达成。学生是否掌握了新知识并纳入自己原有的知识结构中，学生是否经历了过程与方法的培养，是否获得了情感态度与价值观的体验。

二是学生解决问题的能力是否得到训练和提高。学生学习有困难时是否得到了帮助；学生取得成功的时候是否得到鼓励；学生的学习方法是否有变化。

三是学生的精神状态是否饱满。是否体验到学习和成功的愉悦，是否有进一步学习的愿望，师生之间、生生之间是否能够彼此交流和分享见解。

二、建设"明亮课程"，丰富学科教学内涵

历史课程是人文社会科学中的一门基础课程，我校历史团队建设的"明亮课程"在此基础上丰富内容、细化知识、落实实践，让学生从纵、横两面了解历史的同时有更直观、深入的了解，从而引发更深层次的思考。

我校的"明亮课程"结合七、八两个年级历史教学的内容，根据学生学习的兴趣、能力、要求等不同层次、不同需要，编设了4个领域去教学，这4个领域又主要分为"基础类"和"实践类"，"明亮史事"和"明亮人物"属于基础类，"明亮时空"和"明亮乡土"属于实践类。旨在希望学生在了解历史基础史实、掌握基本学习技能的同时，感悟历史的价值和现实意义，培养爱国主义情感，开拓观察世界的视野，形成正确的人生观、价值观和世界观，体会到历史对现今乃至将来人类社会的影响。

（一）"明亮课程"的建设内容

"明亮历史"课程根据学生的学情、学习的需要分成四大板块。

1. 明亮史事。根据每个年段与历史教学用书的要求设计课程，重在掌握政治、经济、文化、军事、外交等的常识性内容，只有在掌握历史史实基础知识后才能更进一步地对细节化的内容进行学习、分析。根据历史教学用书，在七年级学段所要掌握的是"中国古代史"和"中国近代史"中的相关史事，八年级学段所要掌握的是"中国现代史""世界古代史""世界近代史"和"世界现代史"中的相关史事。

2. 明亮人物。人类创造了历史,历史成就了名人。这一板块内容的设立主要是希望学生通过对中外历史人物的学习探究,学习历史名人的品格,了解人物对历史产生的重大影响,吸取前人的经验和智慧,理解个人与群体、个人与社会的关系,提高对是与非、善与恶、美与丑的识别判断,从而确立积极进取的人生态度,形成健全的人格和健康的个性品质。"明亮人物"的设置上从"思想家""帝王、统治者""科学家""功臣、革命人物""地方名人"这几个有代表性的角度来选取。

3. 明亮时空。这一板块内容设置的目的是要求学生了解历史的时序、空间,学会在具体的时空条件下对历史事物进行辩证考察、动手归纳,从历史发展的进程中认识历史人物、历史制度、历史事件的地位和作用。此项课程对学生的能力有一定要求。(1)编制年代尺。从阶段性到整体性,从单一年代到年代特征标注,从线段式到条状式,循序渐进、内容渐丰。(2)知识结构树。随着历史的前进,人类在科技、文化、社会生活等方面都在不断变化、进步。对这些专史类历史进行结构上的罗列编辑,形成历史整体观,能更清晰地认识到人类历史的进步性。(3)历史地图和图示。历史地图是学习的辅助工具,能让我们更直观地看到历史事件及其变化。历史图示能言简意赅地概括一些概念、事件等。学生们不仅要学会看,同时也要反过来学会绘制简单的地图和图示。

4. 明亮乡土。鉴于部分学生对历史的高度兴趣和具备的探究精神而设置"明亮乡土"课程,探寻身边的历史遗迹遗址,用亲临现场、亲身体会的方式进一步走近历史、了解历史。通过对遗迹遗址的探寻、考察,初步学会历史的分类,如按时间分类、按属性分类,再进一步了解其背后的历史,同时要用学会发现问题、提出问题,有更深层次的思考与见解。

(二)"明亮课程"的评价

对"明亮课程"的评价要运用科学、可行和多样的评价方式,对学生的学习过程和效果进行价值判断。评价不仅要关注学生的学习结果,更要关注学生在学习过程中的发展和变化。

1. 对学生学习过程的评价:(1)对学生课堂上的表现(课堂纪律、课堂互动参与情况等)进行及时的评价和记录,并作为平时成绩的一个依据。有教师点评、学生自评、同学互评等。(2)参与探究活动的表现。探究活动包括观察、记录、调查、访问、制作等等。(3)作业评讲后的反思和错题分析报告。

2. 对学生知识和技能获得的评价:(1)练习的完成:掌握基本史实,常识性知识准确率在90%左右;史料、材料研读,要求能认真阅读并能运用其中的信息有层次地进行问题的分析,认真领会材料含义,准确把握问题的角度进行回答。(2)动手整理归纳的完成:学会整理知识结构树、绘制历史图表、制作历史示意图等活动,可以考查学生动手与动脑的综合能力。在评价时要注意考查学生在历史制作过程中的心理感受和收获。(3)测试、检测的完成:在学习过程中通过检测的方式对学生进行评价。包括单元综合测评、期中测评、期末测评。测评以笔试为主,也可辅以说(历史故事)、看(博物馆、遗迹遗址、纪录片)、做(小报、调查报告、访谈录)等作为测试的评价。

三、创建"明亮社团",推进兴趣爱好课程

开设历史"明亮社团"以培养学生的主体意识,完善学生的认知结构,提高学生自我规划和自主选择能力为宗旨,着眼于培养、激发和发展学生的兴趣爱好,开发学生的潜能,促进学生个性的发展和学校办学特色的形成。

(一)"明亮社团"设施和活动

基于历史的习得不仅在于教科书,更多的资源在于大社会中,故"明亮社团"因地制宜,开发和利用好各方资源,其硬件设施,包括以下几类:

史地室资源——鉴于我校有专设的史地教室,配备网络,可以根据教师专设的主题,由学生以网上查阅的方式进行社团活动。

社区资源——社区历史资源包括物质形态的博物馆、纪念馆和历史遗址、遗物等;非物质形态的历史资源包括风土、人情、习俗等,社团活动的影响,不仅表现为对文字史料的补充与佐证,而且还能极大地影响学生历史学习的深度、广度。

家庭资源——家庭包括家庭人员及亲朋好友,对社团活动开发建设的影响同样是不能低估的,因为他们除了可以提供文字史料、实物史料外,他们的社会经历还有可能提供十分珍贵的口述史料。

学史明智,要学会从历史中明察秋毫,把握历史的发展规律,"明亮社团"就以学生的动手动口动脑为主题,设置以下几项活动:

编编画画历史结构——动手编制年代尺和知识结构树。以中国朝代和历史发展史阶段为单位编制年代尺,以主题方式编制知识结构树。

写写说说历史人物——对不同历史时期、中外有影响力的人物,或者地方名人进行档案编写。选择学生最有兴趣的人物进行口头介绍(可以是讲故事,可以是人物演讲)。

看看辩辩历史战争——罗列古今中外著名战役,通过纪录片、历史电影、百家讲坛等途径深入了解,并展开评价,以小论文形式完成。

(二)"明亮社团"的评价

1. 档案袋评价。以档案袋收集学习资料,主要有三部分,一是课程学习过程中的学习计划与学习感受;二是学习过程中完成的主要作业,包括体现学习成果的小论文等;三是学习过程中的学习反思,包括学生对自己达到学习目标程度的描述等。档案袋评价是凭借收集的学习资料评价学生在历史拓展型课程(或历史探究型课程)学习中的进步情况、努力程度、收获大小,以展示学生的成长过程。如果说学生自我评价是注重了学习态度,那么档案袋评价则注重了学习过程。

2. 学习成果评价。学习成果评价包括设计方案评价、小论文评价等,但都要有明确的评价标准。例如,对小论文的质量指标确定三个方面、五个等级。三个方面包括观点和论证的清晰性、探究意识及分析能力、内容材料的新颖性;五个等级包括优秀、良好、较好、及格和不及格。

四、创设"明亮学科节",推进历史活动课程

每一学年学校会推出不同学科的"学科发展月","明亮历史"课程将结合学科节开展丰富多彩的活动,主要以"看""说""写"的形式体现。

(一)"明亮学科节"活动实践

1. 看——"发现历史"摄影比赛。学科发展月一般在 10 月份,学校大队部也有"带着国旗去旅行"的活动,"明亮学科节"结合这一活动,让学生在节假日旅游、参观的同时发现历史的遗迹、遗物、遗址等,拍摄成照片,加上简单的文字介绍作为比赛内容。

2. 说——历史故事演绎比赛。历史故事演绎比赛作为现场表演类活动,以班级为单位,可以是个人,也可以是小组,可以是故事形式,也可以是演绎形式。通过这样的方式,让学生更接近历史,更设身处地地回味历史。

3. 写——历史知识竞赛。历史知识竞赛分为初赛和决赛。初赛人人参与,以笔试的方式进行筛选,每班选出 5 人作为一个团队参与决赛。决赛以现场答题形式一争高下,题型分必答题、抢答题、风险判断题和选答题,涵盖古今中外历史知识。

(二)"明亮学科节"活动评价

各项活动的评价标准由历史教研组老师统一按照标准评分,具体如下:

1. "发现历史"摄影比赛的评价标准(见表 7 - 3)。

表 7 - 3　"发现历史"摄影比赛的评价标准

项目		评价标准
主题内涵(2 分)		有明确的主题,作品能深刻体现主题内涵、寓意
创意构思(4 分)		作品构思独特,能够通过形象化的摄影语言符号和创新的立意去诠释历史的主题;构图较完美,整个作品看起来均衡、稳定、有规律,有明显的视觉美
视觉效果	色彩(2 分)	色彩鲜艳、饱和、丰满,层次分明,有较强的感染力;十分妥当地契合创作者所要表达的主题、内涵
	清晰(2 分)	对焦清晰,曝光正确;主题突出,细节明了

2. 历史故事演绎比赛的评价标准(见表7-4)。

表7-4 历史故事演绎比赛的评价标准

演绎内容(4分)	主题：主题鲜明,格调积极向上
	材料：材料真实,内容充实
	结果：结构完整,层次分明
语言表达(3分)	表达：口齿清晰,自然流畅
	情感：声情并茂,抑扬顿挫,具有感染力
	语音：声音洪亮,普通话标准
形象风度(2分)	举止：动作恰当,自然得体,精神饱满
	仪态：服装整洁,端庄大方,上下场致意
综合印象(1分)	由评委根据表演选手的临场表现作出综合演讲素质的评价

3. 历史知识竞赛评价方式：本次竞赛的决赛共分为四个环节,分别是小组必答题(每组6题,每题2分。每题所列的四个选项中只有一个选项符合题目要求)、抢答题(每题1分,共40分)、风险判断题(共16小题,每题2分,每组4题。回答正确得2分,回答错误扣2分)和选答题(每题10分,回答正确得10分,回答错误扣5分,不答不得分)。在活动中,将根据同学的答题表现和各小组的最终得分评选出一、二、三等奖和"最佳表现奖"一个以及"优胜奖"一个。

五、 组建"明亮驴友队",探索身边的历史

"明亮驴友队"是在对历史有充分兴趣的基础上,想进一步从实践中探寻历史、研究历史的实地考察、调研行为,以此提高学生对历史学科的学习兴趣,激发学生的历史思维能力,给学生一个探究体验的机会,并学会相互协作、交流,共建团队精神。

(一)"明亮驴友队"活动内容

"明亮驴友队"的活动时间设置为每学期1—2次,基本上利用周末或假期时间。

在人数较多的情况下分成2—3组,每组人数以不超过10人为宜。在家长或老师带队下,近距离可采用步行、骑行方式,远距离可坐地铁或公交。

驴友队在活动过程中要做好充分准备。事先罗列探究的目录,包括探究对象、探究目的、探究途径、探究成果、探究意义。活动中运用收集有关文献记载、访谈记录、文物图片、实物资料等方式,探究解决问题的途径和方法,通过整理、分析,形成正确的认识。活动结束后整理有关资料,编成相应的"历史"展示品。展示品可以用文字形式,也可以用图表、数据、音像形式,等等。具体来说有三个步骤:(1)收集资料;(2)资料的分类、整理,分析资料提供的信息;(3)根据各方面的资料,自己动手去写历史,论文、调查报告、访谈等。

例如:(1)人物类:如杜月笙、傅雷、张闻天等,可以分类,可以是传记形式,也可以选择一个方面谈你的感悟。(2)游记类:如川沙古镇、高桥古镇等,要求有自己的体验思想。(3)调查类:遗址调查,如:孔庙大成殿、川沙老城墙等的由来;也可以"家有宝贝"为题,以家中某件收藏的文物为话题,从历史年代、文物历史、收藏鉴赏等方面展开等。(4)其他类:可选择你所熟悉或感兴趣的其他方面去写。

(二)"明亮驴友队"活动评价

"明亮驴友队"的评价分活动目标、活动形式、活动过程、活动效果四个项目,以自评、互评、教师评价的方式展开。具体评价量表见表7-5。

表7-5 "明亮驴友队"活动评价标准

评价项目	评价标准	小组自评	组间互评	教师评价	总评
活动目标	1.目标明确,围绕主题,符合学生心理特征和认知水平。2.充分体现思想教育因素,寓情感、态度和价值观于探究活动之中。				
活动形式	活动形式多样,能激发学生的兴趣,促进实践体验,提升思维能力。				

续表

评价项目	评价标准	小组自评	组间互评	教师评价	总评
活动过程	1. 能事先制定探究方案，方案具体合理。2. 全员积极参与，能运用已学的历史知识、技能和方法去解决问题，提高实践能力。3. 能搜集相关的资料、信息，并加以整理和分析，进行较为完整的叙述，有自己的见解。4. 能体现团队合作精神。				
活动成果	1. 有具体成形的成果呈现（调查报告、人物传记、游记感想等）。2. 成果既能体现已学知识，又能体现个人思想见地。3. 能对探究的历史提出一定的问题，在此问题上有进一步探究的可能。4. 对活动过程有反思、有总结。				

学史以明智、鉴往而知来。我校"明亮历史"课程的建设旨在让学生于千年的历史长河中学习历史、研究历史、借鉴历史，最终把握历史，以学促动，以动促思，以思促情，成为一个真正有"宽度"的人。在课程建设过程中，我校师生也会在实践中不断改进、提升，希望让历史的明智之光点亮更精彩的人生。

（撰稿人：朱幸华　胡石丸　王婷婷　朱凤梅）

后 记

在经历了"三十而立"之后,我校"择高而立、向宽而行"的理念应运而生。多年来,我们在教学中一直关注基础教育的课程改革,特别是在国家课程校本化实施的进程中,我们结合实际积极推进"大视野课程"的实践研究并不断完善学科课程体系,这一过程几经波折,终有回响。

我们始终认为,学校课程的建设既是解决教学问题的主阵地,也是教师专业发展的另一片土壤。基于这样的价值思考,我们重新审视学校的课程,发现仅仅依靠一本教材已远远不能满足学生的成长需求,传统意义上的分科教学不能支撑起学生面对复杂问题时所需要的必备品格和关键能力。因此,改变学校课程的现状成为变革的必然。

我们不同教研组对"大视野课程"的建构,立足学生核心素养的培养,放宽教育视野,不拘泥于教材,不拘泥于知识的传授,不拘泥于校园,将国家课程、地方课程、校本课程进行统整,帮助学生打开学习视野、生活视野、社会视野,为每个学生建构起生命的自我成长系统。

本书客观记录着探索课程建设的群体智慧。上海市教科院杨四耕老师一直关心着我校课程建设项目的开展情况,从一次次亲临现场指导,到浏览本书的全部书稿,给了我们莫大的鼓励和鞭策。专家学识渊博,功力深厚,视野开阔,治学严谨,作风务实,工作勤勉,指导细致。"大视野课程"建设启动之前,杨老师亲临我校进行反复地调查研究,广泛听取老师们的意见和建议,根据实际情况对整个过程进行了周密思考,会同教研组核心成员,确定了明确的课程建设目标和具体的课程建设内容,高屋建瓴的指导提升了课程建设的专业内涵,扎实深厚的理论功底保证了课程建设的普适价值。整个过程中,对教师们的悉心指导深深地感化了每位教师。

在专家帮助下，学校组织老师学习并研究课程标准，指导教师抓住学科本质，提炼出各学科课程哲学，形成学校对学科课程理念的校本化理解，如"涵韵语文""智慧数学""魔趣化学"等。我们从课程哲学、课程目标、课程内容、课程实施和评价等方面，制定学科课程群建设方案。我们知道，当我们将学习的价值转化为立足于人的成长时，一篇课文、一本书已经远远不能满足学生学习的需要了。我们必须基于目标，对课程进行整体思考，系统设计课程，才能从根本上保证素养在课程实施中落实。因此，学科课程群建设方案的研制，坚持的重要原则就是与立德树人之根本任务相一致。在专家精心指导下，我校教师的理论素养和实践能力都有显著提高，教研组整体研究水平和教学质量有了长足的进步。当一篇篇活鲜而略显稚嫩的方案完成后，老师们利用春节假期不辞劳苦地整理和修改，为这本书承担了繁重而卓有成效的统稿工作。在此，我们对专家和老师的辛勤付出深表感谢！

为建设学校的强势团队，打造强势学科，提高教学质量，学校高度重视教研组的"大视野课程"建设。本书既是我校"大视野课程"建设项目的第一阶段的总结，也为将要展开的"串"字型课堂教学奠定了坚实的基础。我们坚信通过"课程引领，专家指导，同伴互助，整体提升"的模式，一定能走出一条课程建设的实践之路。

上海市南汇第二中学校长　刘玉华

2021 年 4 月 9 日

学校整体课程规划的七个关键	978-7-5760-0424-3	62.00	2021年3月
课堂教学的30个微技术	978-7-5760-1043-5	52.00	2020年12月
教学诠释学	978-7-5760-0394-9	42.00	2020年9月
原点教学：提升区域育人质量的策略研究	978-7-5760-0212-6	56.00	2020年8月

学校课程发展精品丛书

学科课程群与全经验学习	978-7-5760-0583-7	48.00	2021年1月
育人目标与课程逻辑	978-7-5760-0640-7	52.00	2021年2月
学科课程与深度学习	978-7-5760-0505-9	52.00	2021年2月
学校课程的文化表情：百花园课程的学科指向与深度实施	978-7-5760-0677-3	38.00	2021年2月
学校文化与课程变革	978-7-5760-0544-8	62.00	2021年2月
语文天生重要：语文学科课程群设计	978-7-5760-0655-1	44.00	2021年2月
五育并举的课程体系：致良知课程的旨趣与探索	978-7-5760-0692-6	48.00	2021年1月
学科课程与育人质量	978-7-5760-0654-4	48.00	2021年1月
在地文化与课程图谱	978-7-5760-0718-3	46.00	2021年2月
中观课程设计与学科课程发展	978-7-5760-0624-7	36.00	2021年1月
大教学：英语学科核心素养培育的课程模式	978-7-5760-0462-5	46.00	2021年1月

特色学校聚焦丛书

不一样的生命，一样的精彩	978-7-5675-8675-8	34.00	2019年3月
童味正醇：特色学校的文化图谱	978-7-5675-8944-5	39.00	2019年8月
特色普通高中课程建设探索	978-7-5675-9574-3	34.00	2019年10月

儿童是天生的探索者:360°科学启蒙教育

           978 - 7 - 5675 - 9273 - 5   36.00   2020 年 2 月

做精神灿烂的教师:教师自我成长的 5 个密码

           978 - 7 - 5760 - 0367 - 3   34.00   2020 年 7 月

让教育温暖而芬芳   978 - 7 - 5760 - 0537 - 0   36.00   2020 年 9 月

快乐教育与内涵生长   978 - 7 - 5760 - 0517 - 2   46.00   2020 年 12 月

故事教育与儿童发展   978 - 7 - 5760 - 0671 - 1   39.00   2021 年 1 月

美好教育:学校内涵发展的循证研究 978 - 7 - 5760 - 0866 - 1   34.00   2021 年 3 月

把美好种进儿童心田   978 - 7 - 5760 - 0535 - 6   36.00   2021 年 3 月

倾听生命的天籁:"天籁教育"的实践与探索

           978 - 7 - 5760 - 1433 - 4   38.00   2021 年 9 月

为了每一个孩子的美好心愿 978 - 7 - 5760 - 1734 - 2   50.00   2021 年 9 月

向着优秀生长:"模范教育"的理念与实践

           978 - 7 - 5760 - 1827 - 1   36.00   2021 年 11 月

跨学科课程丛书

大情境课程:主题设计与创意评价 978 - 7 - 5760 - 0210 - 2   44.00   2020 年 5 月

社会参与素养的培育模型与干预机制 978 - 7 - 5760 - 0211 - 9   36.00   2020 年 5 月

大概念课程:幼儿园特色主题活动设计

           978 - 7 - 5760 - 0656 - 8   52.00   2020 年 8 月

项目学习:进入学科的课程智慧 978 - 7 - 5760 - 0578 - 3   38.00   2021 年 4 月

STEAM 课程的设计与实施   978 - 7 - 5760 - 1747 - 2   52.00   2021 年 10 月

幼儿个性化运动课程   978 - 7 - 5760 - 1825 - 7   56.00   2021 年 11 月

核心素养导向的课堂教学丛书

漾着诗性智慧的课堂教学   978 - 7 - 5675 - 9308 - 4   39.00   2019 年 7 月

转识成智的课堂教学:核心素养导向的历史教学

           978 - 7 - 5760 - 0164 - 8   40.00   2020 年 5 月

学导式教学:学会学习的教学范式 978 - 7 - 5760 - 0278 - 2   42.00   2020 年 7 月

书名	ISBN	定价	出版时间
高阶思维教学的关键技术	978-7-5760-0526-4	42.00	2021年1月
会呼吸的语文课：有氧语文的旨趣与实践	978-7-5760-1312-2	42.00	2021年5月
高阶思维教学的核心指向	978-7-5760-1518-8	38.00	2021年7月
磁性课堂：劳动技术课就这样上	978-7-5760-1528-7	42.00	2021年7月
核心素养导向的作业设计	978-7-5760-1609-3	40.00	2021年8月
语文，让精神更明亮	978-7-5760-1510-2	42.00	2021年9月
"六会"教学法：基于核心素养的课堂教学	978-7-5760-1522-5	42.00	2021年9月

特色课程建设丛书

书名	ISBN	定价	出版时间
教师，生长的课程	978-7-5760-0609-4	34.00	2020年12月
学校课程发展的实践范式	978-7-5760-0717-6	46.00	2020年12月
丰富学习经历：如歌式课程的愿景与深度	978-7-5760-0785-5	42.00	2020年12月
学科课程群设计方法	978-7-5760-0579-0	44.00	2021年3月
学校美育课程的立体建构：菁华园课程的逻辑与框架	978-7-5760-0610-0	36.00	2021年3月
关键学习素养与学科课程设计	978-7-5760-1208-8	34.00	2021年4月
学校课程设计：愿景建构与深度实施	978-7-5760-1429-7	52.00	2021年4月
生长性课程：看见儿童生长的力量	978-7-5760-1430-3	52.00	2021年4月
"慧阅读"课程：儿童视角	978-7-5760-1608-6	42.00	2021年6月
诗意栖居的课程愿景：智慧岛课程的逻辑与深度	978-7-5760-1431-0	44.00	2021年7月
每一个孩子都是最重要的人：V-I-P课程的内在意蕴与学科视角	978-7-5760-1826-4	54.00	2021年8月
给每一个孩子带得走的能力：井养式课程的旨趣与探索	978-7-5760-1813-4	42.00	2021年10月
指向核心素养的课程统整框架：I AM BEST课程的学科之维	978-7-5760-1679-6	48.00	2021年11月